はじめに

この本は、小学校の教師をしている妻に送られてきた、恩師からの手紙を集めたものです。先生は既に退職されていますが、妻が八年前に教育実習をした際、担当教師としてご自分のクラスで指導してくださいました。実習の四週間はたいへんたのしかったようで、彼女が職に就いて二年目、担任したクラスの子どもたちとの関係の持ち方に悩んだとき、誰よりもまず話を聞いてもらおうと思ったのが先生だったそうです。そのときから六年間、手紙のやり取りを通して、先生は多くのことを教えてくださいました。いま妻は、毎日元気に出勤しています。家でも子どもたちの様子をたのしそうに話しています。

妻は私にも手紙を見せてくれました。その中で先生は、ただ経験を語るのではなく、子どもというもの、教師というもの、教育というものについて語っておられました。私は教育とは直接の関係がない仕事をしていますが、自分に子どもが生まれたこともあって、とても興味深く読ませていただきました。何より、語られる背後に感じたのは、自ら得た智恵を次代につないでいこうという先生の意志です。この人は、教師であることに自覚的であろうとする若い人の背中を押してくれる——そう思いました。先生は「バトンを託す」と書かれていますが、このバトンはできるだけ多くの人に引き継いだ方がいいのではないかと考えました。

だから、本にすべきだ。そう思ったことを妻に伝えたところ、彼女も同じ思いだったようで、二人で、先生の六年間の手紙を私の友人の編集者に持ち込みました。先生の許可をいただき、打ち合わせを重ね、ようやく出版の運びとなりました。現に教師をしている人ばかりでなく、子どもとかかわる仕事をしている人、いや子どもというものを考える機会のある人にとっても、意味のある本になったのではないかと自負しております。どうぞ教育というものの捉え方を転換してみてください――「教育は遊びだ」。

妻宛てに送られてきた手紙ですが、語りかけられている「あなた」の位置に身を置いて読んでいただければと思います。一つの文章、一つの文、一つの語でも、それがあなたの考えるきっかけとなったとき、あなたにバトンを渡せたことになります。それが先生の願いです。

二十年七月二日

木本道雄

なお、書名、部ごとの題、および手紙ごとについている題は、編集の時点でつけたものです。また、本文中の点線で囲んだ部分も、語句の説明等のために編集で書き加えたものです。

若い教師への手紙◇目次

第二部　死と生――ニヒリズムを超えて……107

第一部

子どもとかかわる

01　まずは、「なぜ」を求めるより「いかに」を捜す

お久しぶりです。年賀状は別にして、あなたの文章を目にするのは実習のとき以来になりますね。手紙を受け取ったのは、林間学校に出かける前日でした。封を開いたものの、すぐに返事が書ける内容ではなし、そのまま鞄の中に入れ、鉢伏の山に持っていきました。子どもが寝静まったように見えるころ、読み返して、どう答えたらいいものか考えました。大阪に帰って一週間、ようやく考えがまとまったので筆をとった次第です。あなたがクラスの子どもたちとかかわるうえでの一助となれば、幸いです。

子どもとの関係が、どこかしっくりいっていない感じがするということでした。あなたが挙げた例は、靴や筆箱などのもの隠しがたびたび起こるという件でした――誰の仕業かわかって、その都度注意するのだが、いつまでたっても終わらない。子どもがいれば事件というものは起こって当然なところがあるけれど、どうしてこちらの気持ちが伝わらないのだろう。怒鳴りはしないし、嫌味にならないよう気をつけて話しているのに、なぜわかってくれないのか。比べて悪いけれど、去年の二年生の方が、聞き分けがよかった。難しい話も我慢して聞いてくれた。五年生だから、筋道立てて話せば、もっとわかってもよさそうなものなのに……。ふだん自分の言っていることが子どもに通じているのかどうか、自信を持てなくなった。いっしょに何か

をしているという感覚を失いかけている。自分だけでなく、子どもたちも同じ感じを持っているようだ。

こう書いた後、あなたはそうなった原因を考えています――授業がおもしろくないからだろうか。学校で過ごす時間のほとんどは授業だ。私の授業がつまらなければ、私に好感を持てないのもあたりまえだろう。それとも、私が子どもを受けとめきれていないからだろうか。できる・できないだけで見てはいけないのはわかっている。ありのままを認めているつもりだが、確かに私にはまだまだ未熟で、至らないところがたくさんある。あるいは、私が毅然としていないからだろうか。隣のクラスの先生はさっさと断を下すけれど、あんな自信は私には持てそうにない。むしろ、迷う姿を隠さない方が自然でいいと思うぐらいだ。でも、隣のクラスはいつも静かでいる……。

何が事の原因であるのか探ろうとする、「なぜ」を問おうとする。これは大切なことです。洗面台から水が溢れているとします。まずそれを止めることは大事だけれど、なぜ溢れたのか調べなければ、同じことがまた起きてしまうかもしれません。止め方を知ることは現場の人間にとっては重要な仕事ですが、漏れた原因を探ることも必要な務めです。誰かに任せておけばよいようなことではありません。「いかにすればよいか」と対処法に留まるのではなく、「なぜそうなのか」と根源を識ろうとすることは、そうあるべき真摯な態度だと思います。

そして、しっくりこないことの原因ですが、主任に仮説実験授業を止められたいま、自前の技術だけで授業をたのしくすることは、失礼だけど、経験の少ない現在のあなたには難しいことでしょう。また、子どものありのままを認めようとしても、人はそれぞれの傾向を持っており（それが個性であるのですが）、教師も人の子だから、その傾向に沿わない子どもを認めることは、努力を重ねないことには難しい作業です。さらに、疑うことなく教師権力を振り回す人は、腕ずくで子どもを抑えつけることができるかもしれませんが、いったん権力というものを怪しむようになった人には、単なる弾圧はなし難いでしょう。あなたが思いついた原因はそれぞれ正しいと思います。

にもかかわらずいまは、あなたが「なぜ」よりも「いかに」を優先させることを望みます。現に水はこぼれているのです。水浸しになる前に、まず、これを止めなければならない。原因を追及することに時間を使い切ってはなりません。ぼくたちは現場の教師です。目の前にいる子どもたちとたのしい関係をつくることが第一なのです。それから、落ち着いて考えればよくわかることですが、社会的な事象の原因はただ一つではありません。様々な要因が絡み合っている場合がほとんどです。だから、そのうちの一つにのみ原因を求めることは、他の要因を無視することになって、かえって危ういです。たとえいくつかを明らかにしたからといって、事態が好転するとは限らないでしょう。そんなとき、「いかに」として蓄えられてきた技術に頼ることは、悪いことではありません。それは、これまでの現場教師が長年の経験で蓄積してきた智恵でもあるからです。まずは、子どもとたのしい時間を過ごせるという授業案を探してみてください（ぼくがしてみてうまくいった、短時間でできる授業書案のコピーをいくつか同封しておきます）。

ただ、その対処法がその場を逃れるためのものであるのか、未来につながるものであるのか、しっかり見極めることは不可欠です。ほんとうのその場しのぎが必要である場合もありますが、将来への展望が開けるような対処法の方がより有意義であることは間違いありません。

あなたは、子どもとうまくいかない理由を知りたくて、ぼくに解答を、そこまではいかなくとも示唆を求めてきたのでしょう。なのに、ぼくは、いままず大事なのは対処法だと答えました。解答にも示唆にもなっていません。ぼくを、少しこだわって考えるならこの人に聞くといいと思って選んだのかもしれないのに、申し訳ないと思います。ただぼくは、現場の教師は「いかに」を担う者であること、性急な原因の追及は危険であることを伝えたかったのです。「なぜ」を問うあなたの姿勢自体は尊いものだと思っています。「なぜ」を問う心はそのままに、優れた「いかに」を探してください。この姿勢がある限り、あなたは「いかに」を求めても、ただ技術があるだけで思想のない「制度内の教員」になる心配はありません。制度下にありながら制度を超えた、子どもが心底から「わたしの先生」と呼んでくれる教師となられることを願っています。

寄せてくださった信頼に深く感謝します。信頼に応えるために、ぼくはあなたの応援団になろうと思います。代わりに競技することはできません。でも、競技するあなたのために、せいいっぱいの声援を送ることはできます。疲れそうになったときは、いつでも振り向いてください。必ず後ろに、声をからして叫ぶぼくがいます。

追伸：人間関係を考えるとき、真面目であればあるほど、原因を自分一人に求めがちです。でも、目の前にいる子どもは、これまでに、また広い世界で、いろいろな出来事があって、そのうえで現在の姿となっているのですから、いまかかわっている一人の教師が原因のすべてということはあり得ません。むしろ、教師が自身の過失で子どもを歪めてしまうと考えることの方が、誠実であるように見えて、実は傲慢な考え方であるように思います。子どもは自ら育つものです。教師は、最終的な責任はとれないのです、と言うより、とってはならないのです。責任逃れに走ってはなりませんが、どうか自分一人で背負い込むことのないように。

いまあなたが子どもとしっくりこないというのは、おそらくお互いにつきあい方を模索しているということだと思います。子どもたちは変化を求めているのです。まず教師が変わらねばなりません。自分が変わることで相手の変化を待つのが適切です。ただし、人間関係に劇薬はありません。長期戦を覚悟しておいてください。

十三年八月二日付（七月二十二日受）

仮説実験授業とは「科学上の最も基本的な概念や原理・原則を教えるということを意図した授業」です。「科学的認識は、対象に対して目的意識的に問いかけるという意味における「実験」を通してのみ成立する」、同時に「科学的認識は、社会的な認識である」という考え方をその根本に置いて組み立てられています。

具体的には、選択肢のある問題に対し全員が予想を立て＝選択肢から選び、予想の理由を巡って討論を行い（討論中の予想変更も認める）、実験によって正解を知る、という形を繰り返していきます。ときに、そこまでの論理を整理するための、より興味を持たせる・深めるための、「お話」がはさまれます。授業の進め方は、「授業書」と呼ばれる授業案に定められています。

授業書は、授業内容をどのクラスの子どももたのしく学べるよう配慮して、教科書兼ノート兼読み物のような形にまとめられています。だから、準備さえすれば、どの教師もすぐに授業にかけることができます。いわば教師の共有財産です。これまで多くの授業書が作成され、いまでは、物性・力学に始まる自然科学の分野から歴史・社会といった社会科学の分野まで、広い範囲にわたってたくさんの授業書があります。

仮説実験授業に関して、詳しくは『仮説実験授業のＡＢＣ』（板倉聖宣　仮説社）、仮説実験授業研究会のホームページ（http://www.kasetsu.org/index.html）をご覧ください。

先生がこの手紙に同封された授業書案・計画は、次の五つです。

■「暑中見舞いを出そう」……関係づくり
■「ビニル袋で遊ぼう」「ロケットで遊ぼう」「あめだま」「ふしぎなふろしきづつみ」……授業書案

これらの授業書案は、「授業書」と呼べるほどには検証されていないけれど、多くのクラスで子どもたちの高い評価を得たものです。その内容は、月刊『たのしい授業』（仮説社）に載っています。どの号に掲載されているかは、「あのな検索」で調べればわかると思います（http://anona.skr.jp/tanoju/top/topics.cgi）。

02　信ずる力は強い、しかし恐ろしい

お手紙、受け取りました。この前の手紙で期待を裏切ったのではないかと案じていたので、あなたの名のある封筒を郵便受けに見つけたときは、ほっとしました。再び寄せてもらった信頼に深く感謝します。運動会も終わり、これから落ち着いてたのしい授業をという時期に、事態は停滞しているようですね。

でも最初に、子どもたちに夏休みに暑中見舞いを出したとありましたが、これはいいことです。心は言葉にしなければ、さらに言葉は形にしなければ通じないからです。「あなたのこと

を思っているよ」と、いくら心の中で念じても、相手には届きません。「どうしていますか」と葉書を送ったことは、十分にあなたの気持ちを贈ったことになると思います。

ただ、覚悟もしておいてください。子どもは、もらったままでごみ箱に直行させることもあるのです。それは正直、腹が立つほど悔しいです。ぼくも、授業通信を配ったとき、床に落として自分のだとわかっているくせ知らん顔をしている子どもがいて、荒れ狂ったことがありました。しかし、ここは我慢して、何かの形にして再度気持ちを伝えてください。大事なのは、気にしているのだというサインを送ること、送り続けることです。子どもの受け取る・受け取らないという自由を尊重しながらかかわり続ければ、いつも自分のことを見てくれているのだなという気持ちを、子どもに持ってもらうことができるでしょう。それが大切なことなのです。誰も見てくれないと感じたとき、子どもは安心の拠り所を失い、半ば自暴自棄に反社会的な行動をとるものです。サインは送り続けましょう。

仮説実験授業をこっそり始めたのもいいことだと思います。問題に集中している場面が見られなくて、たのしんでいるのかどうか、わからないとありましたが、ぼくが専科をしていたときも、そういう時期がありました。うるさい担任から逃れて、ふだんと違う理科室で、子どもたちの箍《たが》が緩むのです。討論もほとんどなく、「ちゃんと聞け」というぼくの声が部屋の中に響くばかり。でも、授業書が終わった後に恐る恐る聞いた感想は、たのしかったというものがほとんどでした。縛られっぱなしの他の授業よりはまし、ということだったのかもしれません。

でも、それでいいではないですか。いつも最高の授業ができるとは限りません。その場でできるいちばんましなことをする、それが最善を尽くすことだと思います。

ただ、仮説実験授業をやっていればだいじょうぶだという思い込みはしないようにしてください。仮説実験授業をしていても、クラスが荒れたという話を聞いたことがあります。荒れは、いつ、どこで起こるのか予測がつきません。仮説実験授業をしているかどうかとは無関係です。無関係だからこそ、荒れは気にせず、自分の最善手である仮説実験授業をするのがいいと思います。

さて、にもかかわらず、子どもたちは、と言ってもすべての子どもではありませんが、いろいろやってくれているみたいですね。授業中、堂々と私語をする、朝礼に出てこない等々。運動会の練習へと運動場に出すまでがたいへんだったのではないですか。でも、主任が朝礼台で指示を出せば、たのしそうな顔はしないけれど、指示通りに動くとありました。どうしてだろうと思っているようですが、これは「信の力」によるものです。信じる気持ちの強さが、いわばオーラとなって現れ、それが人を動かしてしまうのです。

この力は、信じていることの内容には関係がありません。たとえ間違った中身でも、疑いなく信じると、力は生まれます。主任はおそらく、教えるということを疑ったことがない人なのでしょう。教師が子どもを指導するのはあたりまえのことで、子どもが従うのもあたりまえのことだと、意識しないぐらいに信じ込んでいると思います。疑うことがないので、強いのです。

それゆえ、子どもは従う、というより従わざるを得ません。一方、「教えるべきなのか」「何を教えればいいのか」「なぜ教えるのか」などと問う人、つまり教えるということに自覚的であろうとする人は、思い込みになるほどには信じ切ることはできないから、その分、オーラの力がどうしても弱くなりがちです。

こういうと、あなたも「信の力」を身につけたいと思うようになるかもしれません。しかし、疑いのない信は恐ろしい。それは、原理主義を見ればわかります。そこには絶対の正しさがあります。それを疑うことは誤りなのです。だから、疑問を抱く者を除去することは、消極的にやむを得ずしなければならないことであるどころか、積極的に義を尽くすことになります。つまり、原理主義は排除主義と同義です。開かれた心を持たない信は、基本的に人間を信用していません。

教えることに悩むあなたは教えることを疑いもするでしょう――教えるとはいったいどういうことなのだ。これでは、疑いを持たぬ単純な信となるはずがありません。信じているように見せかけることもあるし、実際信じてもいるのだが、同時に疑念も抱いている。これでは、信としては弱いです。だが、弱いだけに、疑念を持つだけに、他の存在を弾劾することはありません。他のありようをも認めることができます。そういう意味で開かれています。

ほんとうの信は、信じ、同時に疑いを抱き、それでもなお、という形の上に築かれるのではないかと、ぼくは思っています。疑念はあるけれど信じている。信じているけれど疑念はある。

この循環の上に現れるものが、ほんとうの信ではないでしょうか。閉じられることのない開かれた信。狂信でない「信の力」をこそ身につけたいと思います。

最後に、もうひとつ。荒れを見せつける子どもの他に——この子たちにはもちろん真剣に立ち向かわなければなりませんが——目立たずおとなしくしている子どもたちもいることを決して忘れないでください。この子たちもまた荒れの要素を抱えているかもしれません。派手に示さなくていいけれど、心遣いは必要です。また、彼らは荒れた子どもへのあなたの応じ方を見ています。あなたが誠実に応対することが、表立たないかもしれないけれど、彼らの信頼をかちとることにつながります。荒れた子どもを見切れば、楽にはなりますが、おとなしい子どもたちの信頼を失う可能性も増すはずです。

一学期より、子どもたちは手強くなったようですね。さらに、まだ終わりではなく、これから先があるかもしれません。そのことも心に留めておいてください。これは決して脅しているのではありません。心構えをしていた方が余裕を持って対応できると思うからです。そして、あなたは心構えを持つことのできる人だと思うからです。実習で、一人の子どもが自分の思い通りにいかなくて横を向いてしまったとき、辛抱強く待ち続けたあなたに、ぼくは教えられる思いがしたのを覚えています。

十三年十月十三日付（十月七日受）

03 たのしい授業が笑顔を開く
エロス（向上の愛）とアガペ（絶対の愛）

運動会に引き続き学習発表会とは、こちらも同じ行事を同じ予定でこなしているところですが、授業に集中できません。劇をするためにみんなで稽古するというのは嫌いではないけれど（というより好きだけれど）、周囲のおとなのよい評価を得るために活動させねばならないということで時間をたくさん取られるのであれば、学習発表会などごめん被りたいところです。

子どもにとっても、自分の頑張ったところをおおぜいの人に見てもらうことは嬉しいものの、教師が見栄えをよくするために躍起になりやすいので、運動会や発表会の練習はおもしろくないことが多いようです。子どもたちに、自分がしたいのだという意識が生まれれば話は別ですが、そういうことはあまりないのが学校行事と呼ばれるものです。優等生とその周辺の子ども以外は、いやいや練習していると思います。だから、その子どもたちを動かすというのは、けっこうたいへんなことです。どうしても強い教師が叱咤激励することになりがちです。前回話したけれど「信の力」、あるいは「腕力」で動かすのですが、子どもたちは意に反して動かされるものだから、内に怒りを溜めていきます。その怒りがやがて爆発する。運動会や学習発表会の後に子どもの様子がおかしくなるというのは、けっこうよくあることみたいです。

練習が続いている間も、練習以外の時間、つまり担任の教室での授業のときにおかしな行動として出てくることもあるでしょう。授業中立ち歩く、大声で話す、掃除をさぼる、ごみをそのあたりに捨てる、ものを壊す……と、あなたの手紙にありましたが、学年全体の練習の指導で溜まった鬱憤《うっぷん》も影響していると思います。特にあなたの主任は管理的な人のようだから、その指導に対する反動はきついでしょう。それが、噴出させやすいあなたのところで出ているとも考えられます。

手紙では子どもたちの行動に相当いらいらしている様子がうかがえましたが、特に二人の男の子は、トイレを壊したり窓ガラスを割ったり、かなりのものです。目の前でそんなことをされたとしたら、ぼくも同じく頭にくると思います。子どもには子どもなりの理由があるとか、やむを得ない事情が背景にあるとか、それはその通りでしょう。でも、その瞬間は、そんなことはどうでもよくて、していることはとにかくひどいのですから、怒鳴りつけることになりそうです。それに比べて、あなたはよく我慢しています。怒鳴るのは正直で、何もできないとか無視するとか表裏を使うとかよりはましであるけれど、怒鳴らないにこしたことはないですから。

でも、どうか、腹は立てても構わないから――むしろその方が当たり前、自然です――子どもを嫌いにならないでください。教師も人の子ですから、何かにつけ逆らう子どもを嫌いにならないでいるというのは難しいことです。しかし、難しいからこそ値打ちのあることもあります。気に入らないものを好きになるというのは無理でも、嫌いにはならないでいてほしいのです。苦手だけど見棄てない、それでいいと思います。誰からも見棄てられた子どもは、よくないとわかっていながら周囲を傷つける行動をとることが多いような気がします。子どもにとっては担任が最後のおとなの支えという場合もあるのです。

だから、あなたが子どもを自分で叱ろうとしているのはいいことです。男の子二人が窓ガラスを割ってしまって、先に主任に見つけられて恫喝混じりに叱られているとき、その場に駆けつけたあなたは、二人が「うなだれてはいたけど、その目は決して前を向こうとはしていませんでした。これは、人任せにしたりせず、私自身が向き合わねばならないと思いました」と手紙に書いていたでしょう。その通りなのです。子どもが言うことを聞かないからと、主任や教頭のところへ連れていく人も多いのですが、子どもは、たとえその場で「わかりました」と答えたとしても、この教師は困ったとき、より強い権威に隠れるのだと、担任に対して「この人は自分の先生だ」という思いを失ってしまいます。叱るなどという気分ののらないことであっても、それを避けてしまっては、子どもを支えきれなくなると思います。

いったん嫌いになると、人はどうしても嫌いになる情報ばかり集めてしまうので、ますます嫌いになります。より嫌いにならないということは、たやすいことではありません。しかし、一瞬でもその子のよさ・かわいらしさが見えると、そしてそのことが印象的であるほど、嫌いという思いは溶けていくものです（それでも嫌いという人は、ひょっとすると子ども自体が嫌いなのかもしれません）。ぼくにも忘れられない笑顔があります。

以前担任していた五年生の男の子です。学校を抜け出すわ、教師をからかうわ、級友を脅すわ、こういう感じの子どもによくあることで家庭に事情があったのですが、実に憎たらしい子でした。そんなふうに思っている或る日、給食の時間、彼がおかわりをしに前に出てきました。ところが、残っていたおかずは汁物、彼の持ってきたのはお皿。別のおかずと勘違いしていたのです。そのことに気づいた瞬間、「えっ」という顔をした後、「あっ」という顔の照れ笑い。その笑顔がとてもかわいかったのです。それ以来、ただの憎たらしい子ではなくなりました。わるさは相変わらずです。そのたびに頭にきて、怒鳴り散らしていました。でも、しばらくすると、あの笑顔が頭に浮かんできて、「もう。しょうがないな」と、怒りは収まってくるのです。一年間しか担任できなくて、彼とはいい関係になれたというわけではないのですが、少なくとも最悪の関係にはならずにすんだのではないかと思っています。

これは偶然の出来事です。ぼくの方からしかけたのではありません。運がよかったと言えば、それまでです。でも、こちらから働きかけて子どものよさ・かわいらしさを見つける可能性の高い方法がないわけではありません。それは簡単、たのしいことをすればいいのです。学校ということを考えれば、たのしい授業をするということになるでしょう。たのしいときは、何かの役に立つとか何らかの目標を目指しているとか、そういうことは意識から消え、していること自体だけを意識しています。このとき、対象そのものを知ることにのみ向けられた「純粋な関心」が働いています。この関心が働くと、どう評価されるかとか序列を競うとか、他者の存在は気にならなくなり、ただ関心にのみ従った行動をとるようになります。ふだんの枠組みに対しては無関心になるので、ふだんとは違った行動となるでしょう。そのとき、教師は子どもの日常とは異なる面を目撃することとなります。違う面を目にすれば、それ以降の見方が変わることになり、見方が変われば、かかわり方も変わってくるはずです。日常の、何かを身につけるための、いわば仕事としての授業を、それ自体がおもしろい非日常的な遊びとしての授業に変えてしまうことによって、子どものよさ・かわいらしさに気づくことができるのです。ひとたび子どものよさが記憶されれば、苦手なタイプの子どもであったとしても、より嫌いになることは考えられません。

ここでひとつ、ここまでの話題から少し離れますが、お話ししておきたいことがあります。子どもに向ける愛というものについてです。教育行為の底には愛がなければならないと言われますが、では、その愛とはどのようなものであるのか、考えてみたのです。ただし、本論に入る前に断っておきますが、制度としての教育は愛とは特に関係がありません。公学校は、社会存続という必要に迫られて創られたものであって、個人に対する愛ゆえに創られたものではないのです。したがって「教師」といっても、制度としての「教員」は本来、子どもへの愛とは無関係の存在です。いま問題にしようとしているのは、制度とは無関係の「先生」の、学びの手本としての先生の、子どもに向ける愛です。

子どもへの愛に基づいて子どもにかかわるとき、我々は、子どもが前へと進むことを願っています。昨日よりも今日、今日よりも明日がよきものとなってほしいと思っています。よきものを望む愛、「向上の愛」と呼べばいいでしょう。

この愛は子どもにかかわるときだけに働くものではありません。よきものを目指し生きるというのは、人生において、誰にでも言えることです。そこには間違いなく向上の愛＝エロスが働いています。この愛があればこそ、人間は個人としても類としても進歩してきたのです。文明の原動力はエロスです。エロスこそが人を動かすもの、人の本質は何かと問われれば、これだと言えるものです。

ただし、エロスにおいて真に価値があるのは、よきものが達成された未来です。現在は、まだ到達していないわけですから、価値はありません。少なくとも、十分ではありません。したがって、エロスに従う限り、いま・ここにいる存在は値打ちのない・低い存在なのです。エロスは現状否定の愛だとも言えるでしょう。

エロスに立てば、人は、未来に立てた目標への距離によって評価されることになります。距離の近い者の方が愛に叶うとしてより価値ありとされるのです。つまり、エロスは測る愛です。それが子どもに向かったときは、目標に近い子ども＝できる子どもと、遠い子ども＝できない子どもを分けることになります。そして、いくらひとりひとりの子どもを大事に思っていたとしても、かかわりの根底にエロスがあるなら、働きかけられるたびに、できる子どもが自分は肯定されていると感じるのに対し、できない子どもは否定感を味わうことになるでしょう。

このことは、「頑張れ」というかけ声を考えればわかりやすいかと思います。声をかける方は確実に、子どもを大事に思っています。でも、いまできていないから、もっと先を目指して「頑張れ」ということなので、そこには現状に対する否定が潜んでいます。敏感な子どもはそのことに気づくでしょう。「いまの自分はだめなのだ」——せっかくの声援が否定感を与えることになってしまいます。そんなことはないと、いくら打ち消しても、そこに子どもは憐れみしか感じないでしょう。一度味わった否定感はそう簡単に消え去るわけではありません。エロスは人の意欲を奪いもするのです。

もし愛というものがエロスと全くの同義であったとしたら、「弱肉強食」は絶対の真理とされるはずです。できる者にのみ値打ちがあるのですから、できない者は値打ちがない、存在する価値がないのです。排除して当然ということになるでしょう。ところが、人類はそうしてはきませんでした。「優生思想」や「自然選択説」に「社会ダーウィニズム」など、エロスのみを肯定するような思想がときに生まれ広まっても、結局は人類全体の傾向となりませんでした(いまでも根深く、機会を見て頭をもたげてはきますが)。愛がエロスそのものではないからです。仏教の「慈悲」、キリスト教の「汝の敵を愛せ」……これらはエロスならざる愛を説いたものです。そのとき思い浮かべられている愛は、アガペです。

アガペがどのようなものであるかは、エロスの対極に置いて考えるといいでしょう。よきものを目指し、その結果現状否定になり、序列を生むエロス。それに対し、アガペは、いまあるがままを認めます。現状肯定です。順位はつけません。向上の愛に対置するなら向下の愛、「絶対の愛」だと言ってもいいでしょう。エロスは前進のための力の源となりますが、欲望と同義となり、底なしの執着地獄を生むこともあります。迷いの根源ともなります。一方、アガペは進歩とは結びつきません。しかし、在ること自体を肯定し、すべてを慈しみます。その背後に、何かしら大いなるものの存在を感じることがあるかもしれません。

エロスとアガペは、どちらを選ぶかといった別々のものではありません。愛と呼ばれるものが、ときにエロスとして、またときにアガペとして現れるのだと思います。ただ、愛の二つの相として考えた場合、人を動かすエロスに対し、それを支えるのはアガペです。そしてアガペは、エロスがあって初めて気づかれるものです。

教育においても愛の二相が働きますが、表だって現れるのはエロスです。かけ算ができるようにしよう、長い距離を泳げるようにしよう、人前で意見が言えるようにしよう、なかよく遊べるようにしよう。できる状態を目指して、教師は子どもに働きかけます。でも、すべての子どもが同じようにできるようになるわけではありません。できる子とできない子が生じます。エロスは向上の愛ですから、できない子をなんとかできるようにしようとまた働きかけます。しかし、それは「頑張れ」で考えたように、あなたはできていないのだというだめ押しでもあります。だから、エロスに基づく善意から始まった行為であったとしても、人には素直に応じられないことがあるのです。そして、それは応じられない方が悪いのではなく、善意とは押しつけに過ぎないということを意味しているのです。

エロスに発する序列、序列ゆえの劣等感から人を解放してくれるのがアガペです。アガペにおいては、ありのままが認められますから、そもそも序列など存在しません。劣等感はもちろん、優越感とも無縁です。以前、二年生のクラスを持ったとき、「やんちゃな子はやんちゃなままでいい。おとなしい子はおとなしいままでいい」と言ったとき、歓声をあげた男の子がいました。彼は一年生のとき「やんちゃ」と言われていた子どもです。おそらく、やんちゃそのままでは認められてこなかったのでしょう。認められたとしても、よい方向、つまりやんちゃでなくなることへの可能性において認められたのでしょう。そういう経験しかなかったところへ、そのままやんちゃでいいと言われたのですから、うれしくなって思わず声をあげたのではないかと思っています。

ただ、こんなふうに言ったからといって、アガペはエロスの補完物ではありません。アガペは、人がエロスによって動くなかに、その暴走を危惧する人によって、より根源的な愛として気づかれたものだと思います。慈悲や敵への愛は、あらゆるものに対する、価値基準を超えた愛です。アガペを基盤として、その上にエロスは立ち上がっていると捉える方が正しいでしょう。絶対的認識（存在するだけで値打ちあり）の上に、相対的認識（目標への近さによって値打ちは決まる）は成立するのです。よきものを目指すのは、すべてを認めたうえでのことだと思うのです。おとな（教育する者）から子ども（教育を受ける者）への愛は、ただ受け容れ（アガペ）、よいものへ向かわせます（エロス）。アガペからエロスが立ち上がり、エロスはアガペに支えられています。

ここで、教師のことを考えてみましょう。人はそれぞれの世界観を持って生きています。目の前に起こる出来事・現象をその世界に位置づけて理解していこうとします。世界観はその持ち主にとっていわば価値を測るものさしのようなものです。教師が子どもを捉える場合もやはりものさしは働いており、あるべき姿として現れます。その理想像に子どもを近づけていこうとするわけです。できるようになることを願い、目標に近づけていこうとする愛。エロスとしての愛です。

これは、子どもにかかわる者が持っていなければならない愛です。でも、持たねばならないと悩む必要はありません。おとなは、この愛を持つからこそ子どもとかかわろうとするのです。ただ、この愛においては、子どもは目標との距離、あるべき姿にどれだけ近いか・どれだけ離れているかで評価されます。愛ゆえに、値打ちが低いと見なされる子どもが出てくるわけです。

教師はすべての子どもを受け容れられる人でなければなりません。そのためには、価値ではなく存在そのものを愛する愛、アガペを身につけていなければなりません。これは、世界観からではなく、それを超えたところから発する愛です。したがって、教師は自分の世界観をいったん否定することを、否定するとまでは言わないけれど、さて置くことを求められます。そして、世界観のないところで子どもを眺めてみる必要があります（ただし、これは理想的な在り方です。有限の存在である人というものに、「すべて」が可能であるのかどうか、疑わしい気持ちもあるのです。このことに関しては、今後考えていく必要を感じています）。

長く話してしまいました。或るものを語るのに、その周りを回りながら語っているような気がします。あちらから見たら、こちらから見たら、と丁寧に語っているように思っていても、実は同じことを繰り返しているだけで、伝わりやすいように話せているという確信はありません。わかってほしいことを強引にひとつにまとめると——まずは自分の「ものさし」をはっきり自覚し、次いでその「ものさし」なしで子どもを眺め、そのうえでまた「ものさし」を使うこと。困難な道かもしれません。でも、容易な道でもあります。気づいた瞬間、変わることができるのですから。

十三年十一月九日付（十一月三日受）

04　根底から独りで省みる

学期末、いつものように通知票の所見書きに追われ、寝不足の毎日でした。ようやっと書き上げて迎えた終業式、子どもたちの気持ちはもう冬休みに向いていています。連絡事項を話しているのに、聞いているやらいないやら……穏やかに終わるつもりだったのですが、いらいらが顔に出ていたのでしょう。前の席にいた子どもが気づいて、後ろを向いて両手の人差し指を頭の上にかざした後、その指を口に当てました。おかげさまで静かになったので、無事、怒鳴らずに伝えることができました。余裕があると、あれぐらいのざわざわでは苛立ったりしないのに、余裕を奪ってしまう所見欄などない方がいいとも思うのですが、書かざるを得ないということで、自分がいかに子どもを見ていないかということを思い知るための警告になっていることも否定できません。書く内容がぱっと浮かぶ子もいれば、七転八倒、のたうち回ってやっと出てくる子もいるのです。毎日一人ひとりに目が届いていない証拠です。自分のいい加減さに気づくためには、所見を書かねばならないというのは意味あることかもしれないです。

さて、今回のあなたの手紙にはこれまでを振り返って「冬休みに入り、いまは、あれができなかったとか、これをしなければとかいう思いは浮かんできません。何も考える気がしないのです。正直な話、子どもたちと顔を合わせなくてすむことにホッとしています」とありましたが、それはその通りでしょう。「子どもとかかわりたくて教師になったのに……」ともありましたが、不甲斐ない思いでいっぱいなのでしょう。だけど、現実にかかわるとはそのようなものです。正に大きく振れた夢ほど、ときに強い負の思いへと振り戻されます。この思いはしばらく抱えこんだままにしておくのがいいと思います。性急な解消は求めないでください。持ち続けるだけで十分です。なんとかしなければならないと、疲れたときに自分を追い込むようなことは避けましょう。ときどき、ぎりぎりまで追い込まないと上達しないという言葉を耳にしますが、それは進むべき方向が明らかなときだけです。どちらに進めばいいのかわからないときは、闇雲に歩を進めるものではありません。へたに頑張ると、いまなんとか耐えている緊張の糸が切れてしまいかねません。じっとしていることが大切なときもあるのです。

長期の休みは、子どもと顔を合わさずにすみ、日常に追われない時間を確保することができますから、自分の在り方についてゆっくり考えてみる好機です。むしろ、時間のあるいまこそ考えるべきときです。現実のかかわりは、それ自体たのしいかもしれないけれど、心をすり減らすこともあります。目の前に子どもがおらず、消耗するおそれのないいま、現実問題として日々のあれやこれやについて考えるのではなく、自分の心の深みに身を投じてみましょう。最も深いところにまで沈んで、自分に向けて問いを発するのです。

また、年末から年始へと向かう喧噪の中にあって、街が賑やかであればあるほど、その中に入っていけない孤独を、いまあなたは感じているかもしれません。これも、自身を振り返るためにはよい条件です。人との距離を感じ、自分自身しか感じられないからこそ、そんなときは自己と向き合わざるを得ません。自らに真剣に問うためには、孤独が必要なのです。己の姿を鏡に映し出しまじまじと眺める作業は、ただ独りでせねばならない作業です。そこにあなた以外の視線を介在させてはならない。だから、いまなのです。さあ、問うてみましょう。なぜ教えるのですか。どうして教師であろうとするのですか。「私は教えたい。私の内に満ち溢れるものを教えなければならない」という言葉が浮かんできますか。

独りで深く問うてみよというのは、リルケの教えです。彼は『若き詩人への手紙』の中でこう言っています。「……あなたは外へ眼を向けていらっしゃる、だが何よりも今、あなたのなさってはいけないことがそれなのです。誰もあなたに助言したり手助けしたりすることはできません、誰も。ただ一つの手段があるきりです。自らの内へおはいりなさい。あなたが書かずにいられない根拠を深くさぐって下さい。それがあなたの心の最も深い所に根を張っているかどうかをしらべてごらんなさい。もしもあなたが書くことを止められたら、死ななければならないかどうか、自分自身に告白して下さい。何よりもまず、あなたの夜の最もしずかな時刻に、自分自身に尋ねてごらんなさい、私は書かなければならないかと。深い答えを求めて自己の内へ内へと掘り下げてごらんなさい。そしてもしこの答えが肯定的であるならば、もしあなたが力強い単純な一語、『私は書かなければならぬ』をもって、あの真剣な問いに答えることができるならば、そのときはあなたの生涯をこの必然に従って打ちたてて下さい。あなたの生涯は、どんなに無関係に無意味に見える寸秒に至るまで、すべてこの衝迫の表徴となり証明とならなければなりません……しかしおそらくは、あなたは自らと、自らの孤独へのこの下降ののちにも、やはり詩人となることをあきらめねばならないことにもなるでしょう。（すでに申上げたように、詩人であってはならないためには、書かなくても生きられるということを感じるだけで十分です）しかしそうなっても、私があなたにお願いするあの内部への転向は、無駄であったわけではありません。とにかくあなたの生命は、その時から自分自身の道を見いだされることでしょう。そしてその道がよきもの、豊かなもの、遙かなものであることを、私は口には出して言えないまでに祈願している者です」

独りで、自分のうちの最も深いところに下りて、問うてみる……これは苦しい作業です。できれば避けて通りたいと感じる問いかもしれません。ふだん世の流れに乗って動いていっているのに、立ち止まることで、わざわざその動きに制動をかけることになるからです――うまく動いているのなら、それでいいではないか。なぜ、面倒な問いを立てるのだ。でも、あなたは世の中の通りいっぺんの理由で納得がいきますか。自分自身の腑に落ちる、つまり身体の底から納得することを望んでいるのではないのですか。求めているのは社会的に収まる言葉による説明ではなく、心の最奥部から発せられたあなた自身の言葉による存在理由なのです。これは真摯に、社会適合的に真面目にというのではなく、存在そのものとして誠実に教師であろうとする限り、自覚していかなければならない自身の根拠です。立ち止まって考えることから逃れられないし、逃れてはなりません。

孤独の中で、時間をかけて考えてみましょう。そして、もうひとつ大事なこと。結論めいたものが見えてきたら、その結論をいったん突き放して、他人事のように評してみてください。責任をとらなくていい立場から論評してみるのです。「こうしたい」……「そんなことをしたら」……「こうする」……「もしそうしたら」……心のうちで議論は循環するでしょう。そう、「絶対に」という答えはありません。そんな答えは人間の領分を超えています。人間においては、「それでもなお」という答えが考えられるだけです。絶対の確信など固執に過ぎません。答えの定まらない循環を踏まえた上で「それでもなお」と思えるとき、それが答えです。

今日はここまでにしましょう。まずあなたが自己に沈潜して答えを見つける。答えらしきもの、でかまいません。絶対はないのですから。その答えについて、ぼくが考えを述べる。そしてあなたがまた考える。あなたの問題なのだから、考えるのはあなたです。ぼくはあくまで「ぼくの意見が参考になれば嬉しい」と言うだけの立場です。冷たい言い方ですが、まずあなたがひとりで悩みながら考えてください。独りになったあなたに、ぼくは力を貸すことはできません。ただ、深みに沈んだあなたを待つことはできます。そして、独りの淵から浮かび上がろうとするあなたに、手を差し延べることはできます。あなたの信頼にできる限り応えようと思っています。またお話ししましょう。

十三年十二月二十八日付（十二月二十七日受）

05 そして、子どもたちの中でも省みる

正月が明けて、最初に受け取った手紙があなたからのものだとは、今年もいろいろお話しできるかと思うと、うれしい限りです。また子どものこと、教師であること、いっしょに考えていけたらと思います。今年もよろしくお願いします。

さて、この前のぼくの手紙を真摯に受けとめてくださって、ずいぶん考えられたみたいですね。長い手紙でした。あなたが教師になろうと思った理由、なってからの出来事を、失礼かもしれないけれど、ところどころ笑いを押し殺しながら読ませてもらいました。というのは、自分自身の経歴に照らし合わせて、思い当たる節がけっこうあったからです。「そういえば、ぼくも昔は……」というところが多数見つかりました。安心してください。ぼくを先生として認めてくださるのなら、あなたも先生になれるはずです。

もちろんあなたとぼくで違うところも、たくさんあります。ぼくの方がいわゆる学校教師としてはずいぶん不謹慎です。こういう人間を育てたいという意識は持っていませんし、教育というものは遊びに等しいものだと考えていますから、ふつうの教師には顰蹙《ひんしゅく》を買っています。もちろんぼくは自分の在り方の方がより妥当だろうと思っているので、人にどう見られようとあまり気にはしていません。そのあたりのことはいずれまた触れることもあるでしょう。今日

は、あなたが自分の思いを自覚しようとした、その後のことについてお話しします。まず、あなたの結論に対して、その内容に関して言うことはありません。あなたがしっかり自分に向き合って出した答えなら、それはただしい。他人がどうこう言えるようなものではないのです。自分の答えを大切にしてください。

ただし、その答えを後生大事にする必要はないし、してはならない、ということは言っておこうと思います。答えは変わっていくのです。だから、仮の答え――仮説（確定はしていないけれど、該当時点では依って立つことができる説）として頼りにしつつ、より深い答えをまた考えていけばいい。決して永久不変の教条としてはなりません。この前の手紙で言ったように、Aと非Aは循環します。その水準にあるのが人間です。絶対にAと言うことはできず、かといって非Aだとも言えず、とりあえずAだと言うしかないのです。信念を持つことはすばらしいことのように言われますが、信念という言葉は固執という言葉とほぼ同義です。そのことも頭に置いておいたうえで、信念を持ちましょう。

あなたは「考えたことは考えたのですが、出てきた答えに自信はありません」と書いていましたから、教条として固執する心配はないと思います。むしろ、自信がないために、自分の答えと世間の答えの間をふらふらすることの方が気になります。仮説は仮設でしかないけれど、一定の立場ではあるのです。立脚することはできますから、そこからものごとを捉えてください。立場が間違っていたらと、心配ですか。だいじょうぶ、事は簡単。考え直して、新しい仮説――新しい立場を見つければいいのです。仮設だから、変化していくのは当然のことです。自信を持って、変わってください。

最後に、これはぜひしてほしいということを書いておきます。「深夜、一切の喧噪を離れて」他の者を介在させず自己と向き合うようにと言いましたが、今度は、その真反対、「子どもたちでけたたましい真昼の教室で」同じような結論に至るかどうか、もう一度考えてみてください。ちょうど新学期が始まります。現実の場面で問題を起こした子どもに腹を立てながら、私は教えずにはいられないと思えるかどうか。ぼくたちの仕事は実際に子どもにかかわる仕事です。現場の中では持てない思いに、何の意味があるでしょう。静寂においても喧噪においても同じ結論が出るとしたら、それが真実、あなたの答えです。

言うことを聞かない子どもに苛立ちながら、それでも教えずにはいられないと思えるなら、教師を続けましょう。躓きながら、転びながらになるかもしれないけれど、あなたは立派に先生です。どんなことがあっても、立ち上がって、また歩き出すことができます、何度でも。

もういいと思った場合、「教えずともいられる」「別のたのしみがある」と感じるなら、新しい道を探した方がいいです。自分の関心事とはまた別に、上手に子どもの相手をするという職業教師の可能性もあるのかもしれないけれど、ぼくの本心を言えば、そういう教師にはなってほしくありません。心の底に「教えずにはいられない」という気持ちのない教師など、どうにも信じることができないのです。教えずともいられるのなら、即刻、教師を辞めるべきだとさえ思っています。ただ、そのときも、自分の心の最奥を巡ったことは決して意味のないことではありません。教師であることに喜びを見いだせない（他にある）というだけの話です。深く潜ることは高みへと登ることでもありますから、深く潜れば潜るほど、広い視野を得ることができます。その中で、別の「飛行石」を見つければよいのです。

あっという間に三学期が始まりましたね。どうぞ、できることだけ頑張ってください。高望みしても、いまの己に合った力しか出せません。空回りは自分を辛くするだけです。心配せずとも、力は次第に伸びていくものです。いまの未熟を嘆くより、いまできるせいいっぱいのことをしましょう。それで十分です。あなたはただしい。

十四年一月十一日付（一月九日受）

「飛行石」とは、映画『天空の城ラピュタ』（宮崎駿：監督）の中に出てくる鉱石で、地中深く埋もれていながら、それを精製して得られた結晶は重力を脱することができる、と設定されています。

06—01 仮説は仮設でも足場

あなたはただしい。あなたは、自身の孤独の中で見つけた答えを、子どもたちの喧噪の中でも見つけた。だから、あなたの答えはただしい。問いで大事なのはこの過程を経ることであって、経過した結果出された結論は、その内容にかかわらず、問うた人にふさわしいものなのです。あとは、その決定に沿う方向に、すべてのものごとを運んでいくだけです。進むべき方向を確認されたことを祝福します。

そして、その方向が教師を続けるという向きであったこと、歓迎します。教えるという行為に自覚的である教師が生まれるということは、間もなく現場を離れる教師、ぼくにとって嬉しい限りです。今後とも、自身の歩んできた道と、これから向かおうとしている方向と、そして自分自身の在り方を、ときどき立ち止まって確かめながら歩んでいかれることを願ってやみません。

ただひとつ、言わずともだいじょうぶだろうけれど、今回出された答えを仮説として考えてください。前の手紙でも話しましたが、念のため、しつこく繰り返します。

仮説は足場となりますから、そこに立って、迎える事態に意味を与えることができます。宙に浮いているときは、自分は間違っていないかといつも問い続けなければなりませんが、その不安定さを免れることができます。しかし、仮説はあくまで仮の説です。もっと優れた理屈があるかもしれません。そのことに思いが至らなければ、仮説は教条となって、他の立場を認めない、排除する、誤った根拠となってしまいます。そうなると、その人に、その後の成長は望めません。けれども、仮説だという自覚があれば、足場自体がおかしいと感じたときは、別の、その時点ではより妥当だと思われる足場をつくることが可能です。そうすれば、その後その人はそこから再び成長するでしょう。仮説から新たな仮説をうみだすこと自体が成長なのかもしれません。どうか、今回の結論にとらわれないように、一つの仮説として把握され続けることを望みます。

　ところで、あなたの、教師を続けようという答えは、出るべくして出た答えであるような気もしています。あなたは、他の人が授業をしたとき、教室の後ろで子どもたちの様子を見ていて、気持ちがはっきりしたと書いていましたが、それはその通りだろうけれど、その感情はその前の「小黒板事件」のときに、既に醸成されていたのではないかと思うのです。小黒板事件とはぼくの勝手な命名です。おかしかった話としてあなたが手紙に書いていたでしょう。あなたが授業をしているとき、黒板に立てかけた小黒板が倒れてきて、黒板に背を向けていたあなたの頭を直撃した件です。いや、それで終わりではなく、一瞬の静寂の後、あなたが「黒・・・板はだいじょうぶです」と言ってしまって、子どもたちが、そしてあなたも爆笑したことも含めて、「小黒板事件」です。

そのときの笑いは、子どもたちが「先生は?」「だいじょうぶ?」「先生、石頭」とか言っていたということだから、人を見下すとか馬鹿にするという笑いではなく、食い違いがただおかしいという、とらわれのない明るい笑いだったと思います。子どもたちもあなたも、みんな笑っていました。このとき、それまでは残念ながら一部の子どもたちとあなたの間に壁ができていたのだけれど、その壁が消失していたはずです。あなたは、子どもたちとの距離をなくすことは可能なのだと、無意識のうちに感じたのではないでしょうか。だから、その後、他の教師の授業でもにぎやかな子どもたちを見ていても、いや見たからこそ、子どもたちと同じ地平に立つことができる、つまり教師でいられる、教師であり続けようと結論したのではないかと思うのです。

小黒板事件は偶然です。でも、起こるべくして起こった偶然であるような気がします。「起こるべくして」というのは必然だから、偶然が必然的に起こるというのはおかしな言い方になってしまうのだけれど、それでもやはり、あなたのふだんの努力が、それとはまったく無関係なのだけれど、招いたことではないかと思えます。努力は必ず報われるなどとは、微塵も思いません。努力と結果はまったく関係がないと考えるべきだとさえ思います。しかし、それでもなお、努力は続けるものだとも思っています。実を結ぶこともあり、結ばないこともあり……それでいいではないですか。

十四年二月一日付(一月二十五日受)

06―02　第一は、たのしい授業

今回、封筒が二枚あることに「おやっ」と思われたかもしれません。一通をわざわざ分けて出したのには、理由があります。二十四日付のお手紙を読んで、あなたが教師を続けようと決められたことを、ぼくは何より寿ぎたくなりました。その思いをしたためたのが第一の封筒です。でも、その後、あなたの主任に対する怒りを止められなくなりました。この人は明らかに間違えています。よい気分で手紙を終えたかったけれど、この間違いは絶対にあなたに伝えておかなければならない。生活指導が先に来るのは、明らかに兵舎・監獄の発想だ。そんな考えは絶対に退けなければならない。そういう思いで書いたのが第二の封筒です。喜びに溢れて書いたことと、怒りから書き始めたことを、同じ封筒に収めたくなかったので、別々に投函した次第です。

教室の後ろに他の教師がいるというのはうっとうしいものです。子ども一人ひとりに目が行き届くようにとか、ばたばたしそうな子どもを抑えるためとか、名目は子ども向けですが、実は子どもではなく担任を見張っているような気がします。いや、実際そうでしょう。授業が終わった後、ひどいときには授業中、ここはこうすべき、あそこはそうすべきじゃなかったと、こまごま言われることが多いようです。あなたの場合、教室に入った人が口うるさく言わない人のようなので、よかったです。おっしゃる通り、その人は気にしないで、たのしい授業をすることだけを心がけていればいいと思います。

間違っているのは、あなたの主任です。どういう人か知りもしないくせに批判するのはよくないのですが、「子どもをきちんと座るように躾けてから授業だ」というのは、つまり生活指導を教科指導に優先させるべきだという考え方は、間違っています。あなたはただしい。あなたの言っていることの方がただしい。教師の仕事の中心、そして基盤は教科指導です。生活指導も大切であることは間違いないけれど、それが第一の仕事ではありません。料理にたとえるならば、教科指導が料理で、生活指導が皿です。いくら皿が立派でも、料理がまずければ、誰も箸をつけようとはしません。逆に、皿が多少欠けていたとしても、料理がうまければ、次々に手が伸びるでしょう。授業がたのしければ、話を聞くようになるのです。まず努めなければならないのは、おいしい料理を作ること、つまりたのしい授業をすることです。生活指導はその中で、目的としてではなく結果としてなされるものです。生活指導ができて初めて教科指導が成り立つというのは本末転倒の、学校が知識・技術の授受を目指すものである限り、誤りです（ただ公学校制度には勤勉な労働者＝国民の育成という目的も潜んでいますから、そういう意味では生活指導を優先させることになります。であったとしても、道徳ばかり守って知識・技術を身につけようとしない子どもなんて想像できますか）。生活指導上で多少まずいことがあったとしても、教科指導がたのしいものであるならば、子どもが完全にそっぽを向いてしまうということは考えられません。

図式化するとき単純に、生活指導の上に教科指導をのせて描くのはおかしいと思います。確かに生活指導が土台にあるのはそうなのかもしれないけれど、その中央には穴が開いていて、そこに教科指導が根を下ろしているように描く方がふさわしいです。にもかかわらず、生活指導を優先させ教科指導を後回しにするのでは、授業が知識・技術を伝達・育成する場ではなく、子どもが自らの身体を教師の望むように拘束するための修練の場になってしまいます。いわゆる体育座りの指導などは、教師の指示にのみ柔順な、硬い身体をつくるだけのことです。認めたとき以外の会話を禁止し、背筋を伸ばした身体的反応を求めることを第一と考えるようでは、世間に流布しているイメージの刑務所の監督官と同じです。教師の本質を完全に見誤っているとしか思えません。「研究」授業で、授業の内容ではなく、子どもの姿勢とか発言の仕方を問題にする教師がけっこういるでしょう。内容を問わず、形式だけを問題にする人たちは、生活指導があって初めて教科指導と言いますが、本人も気づかぬ本心では、言うことを聞く身体の形成を何よりも狙っているのです。違います、教師の仕事はまず授業です。

ここで「授業をたのしくする」と言うと、たのしくするために様々な技法を身につけなければならず、それはけっこうしんどいことだと思われるかもしれません。誤解を避けるためには、「たのしい授業をする」と言った方がいいでしょう。素材にいろいろと手を加えて工夫しておいしい料理にするのではなく、既にあるおいしい料理のレシピを見つけて、その通りに作ればよいという意味です。たいしたことのない素材でも名人にかかればおいしい料理に変身しますが、それは名人において初めて可能なことで、名人というのは誰もがなれるものではありません。だから、腕を上げるために努力することは必要ですが、ふつうの料理人は、いまおいしい料理を作るためには、おいしい料理のレシピを見つけてくることを第一に考えればいいのです。これは、見通しの立たないなかで名人目指して苦闘することに比べて、ずっと容易です。教師の実践記録というのは玉石混淆ですが、なかには間違いなくおもしろいものがあります。そういうものはごまかしなく書かれているし、子どもの感想が載っているだろうから、すぐにわかります。何より、読んだときの自分の「へえ、おもしろそうだ」を信用すればいいと思います。おもしろいレシピを見つけることができれば、誰でもたのしい授業ができるのです。

こんなふうに考えたとき、教師を続けるくせに技術を身につける努力をしないのか、と怒る人がいるかもしれません。いいえ、努力しないでいいと言っているわけではありません。努力を向ける方向の第一を、たのしくする技法の習得ではなく、たのしい内容の発見にすべきだと言っているのです。技法は教職を経験していくなかでいろいろ知ることができ、自然と使えるようになるでしょう。それで十分です。

また、他人の授業案をまねするばかりでは主体性・独創性がない、と難ずる人もいるかもしれません。しかし、そういう認識は明らかに誤りです。科学でも芸術でも、まずは優れた研究・作品を学ぶこと——模倣することから始めています。模倣していくのだけれど、どうしても模倣しきれない点が現れてくる。そこにこだわって、そこで初めて、先行研究・作品とは異なるものの見方をすることになる。これが、創造です。通俗的に言う「インスピレーションに襲われて創造が始まる」ことは、まずありません。仮にそう見えたとしても、その前に必ず模倣——学習活動を積んでいます。「或る日、突然に」などということは決してありません。模倣の延長に創造は出現するのです。そもそも、模倣するときには、どれを模倣するかという判断が働いていますから、模倣自体が主体的なものです。実際はまねをしているくせに自分で作り上げたように言う人、つまり盗作する人は、残念ながら学校現場には多数いるのですが、この人たちより模倣を明言する人の方がはるかに創造的です。安心して模倣すればいいのです。

だめだ。ここまできても、怒りがまだ収まらない。申し訳ないけれど、もう一言、言わせてください。あなたの主任はほんとうに悪しきイメージの刑務所監督官にぴったり当てはまる人です。規律正しく動く集団を作るのが目的で、知識・技術は一定数の子どもが身につければよいと思っているに違いありません。もちろんそんなことは口にしないし、意識さえしていないだろうけれど、心の底では、できない子はどうせできないと思っているはずです。では、知識・技術とは別の、もっと深い喜びをもたらすことがないか考えているかというと、そんな考えは頭の片隅にさえないでしょう。こういう人は、どうしようもないくらい変わりません。教師を辞めるまで、いや辞めても変わらないでしょう。よくないことかもしれないけれど、ぼくはこういう人に働きかけることは諦めています。あなたは、聞いているふりだけして右の耳から左の耳へ流せばいい。

よく知りもしない人を、しかもその人のあずかり知らないところで論評するのは、初めに言った通り、よくないことです。でも、二つ目の手紙を破棄する気にはなれません。あっは、ぼくは聖人にはほど遠い。

十四年二月一日付（一月二十五日受）

07 「もやもや」のまま続ける

昨日、久しぶりに夜空を眺めました。星座を覚えるのなら、たくさんの一等星が見事に配列されている、冴え冴えとした冬の夜空が一番です。なかでも、誰もが一目でわかるのがオリオン座。これほど贅沢な星座はありません。二つの一等星と五つの二等星が形作る鼓の形が、星空を見上げれば真っ先に目に飛び込んできます。しかも、一等星の色が紅と白で、三つ星を真ん中にはさんで対峙しているという（色の対比から日本では「平家星」「源氏星」とも呼ばれます）、星空の魅力をこれほどわかりやすく伝えてくれる星座は他にないでしょう。

その紅い「平家星」（「源氏星」だという説もあるそうです）、ベテルギウスがいま話題になっています。恒星は老いるほど赤くなってやがて死に至るのですが、ベテルギウスがまさに終末を迎えようとしているというのです。その最期は、ベテルギウスが太陽の位置にあれば木星まで呑み込んでしまうほど巨大であるため、大爆発を起こし、その輝きは昼間の空でも見えるほどだろうと言われています。地球との距離は六百光年を超えていますから、いま見ているベテルギウスは六百年前の姿で、もしかしたら既に爆発しているかもしれません。真昼に輝く星、ぜひとも見てみたい気がします。でも、その後、ベテルギウスは急速に暗くなり、肉眼では見えなくなってしまいます。オリオンは右肩を失ってしまうわけです。そんな姿はあまり見たくありません（「平家は滅びるものだ」なんてことは言わないで）。一瞬たりとはいえ陽の光に負けない超新星をとるのか、いつまでも豪勢な星座の一部として輝いていてもらいたいのか、頭の痛いところです。

さて、あなたの問題は、こんな気楽に語っていられない悩ましい問題です。もしあなたが教師を口過ぎの単なる職業と思っている人ならば、うまく扱えない子どもは他の教師に押しつけてしまえばすむ話で、持ち上がるか否かで悩むこともないでしょう。そういう人は、子どもへの特別な思いというものはありませんから、扱いやすい子どもの多い「楽な学年」を持とうとするだけです。確かに、かかわった子どもに対する思い入れは時として手枷足枷となることがありますが、そういう思いを持たない教師には、いかにてきぱきと仕事をこなしていようとも、ぼくは信頼を置くことができません。別世界の「職業教師」だと思っています。持ち上がるか否かを迷っているあなたにとっては腹立たしい言い方かもしれないけれど、あなたが真剣に悩んでいることをうれしく思います。

「確かに二学期の中頃に比べれば、落ち着いてきています。授業中に立ち歩いたり大きな声を出したりすることは少なくなりました。でも、それは教室の後ろに別の先生がいるからかもしれません。その先生がいなくなったとき、同じように座っているだろうか、不安です。危険なことをしたときは、あれこれ言わせず叱っていますが、そうでないときはまず話を聞くようにしています。なかなか口を開かないことも多くて、根比べのようになるけれど、負けないようにしています。その後の話をうなずいて聞くこともあるので、わかってくれたかと嬉しいこともあれば、ずっと横を向いたままで、通じていないのだなと落ち込むときもあります。授業は、教科書をできるだけ早く進めて、短い授業プランやものづくりをたくさんすることにしました。教科書授業よりはましみたいだけど、ものづくりの後の片づけなどはまったくしません。チャイムが鳴れば、辺りはごみの山です」――こういう状態が担任を続けていくことで改善されるのかどうか。

何よりもあなたが戸惑っているのは、いまのクラスの子どもたちを見ていて教師を続けようと決心したはずなのに、そのクラスを離れることを考えてしまっているということでした。今日までの経過があるから、関係を修復できない可能性もあるわけで、そうなれば、子どもたちにとっても不幸なことになる。ならば、いまの子どもたちは新たな出会いに委ねて、自分は新しいクラスで新しい子どもたちに向き合う方がいい。けれど、それはあの子たちから逃げることにはならないか。まだできることがあるかもしれないのに、これからも教師を続けるなどと言えるのか……。

逃げてはならないというのが絶対命題なら、選択の余地はありません。いまのクラスを持ち上がるしかないです。でも、担任でなくなることは、はたして逃げなのでしょうか。逃げと捉える背景には「苦しみは、乗り超えなければならない。その先にしか喜びはない」という考え方があるように思います。でも、苦しまないことには喜んではならないのでしょうか。

確かに、世の中で称賛されるのは、苦悩を経て歓喜に至る物語です。あなたに当てはめて言えば、出会った子どもたちと、いったんは気まずい関係を結んでしまうものの、改善のために日々、歯を食いしばって努力し、最後は親密な関係を結んで終わる、ということになるでしょう。それとは逆にたのしそうに毎日を送っているとしたら、苦労もしないでと陰口を言われそうです。しかし、歓喜の前には苦悩がなければならない、歓喜するためにはまず苦悩しなければならない、などというのは、心のねじ曲がった人たちの考えることだと思います。自分は成功した、その前に苦労した、と思い込んでいる人は、他の人に対しても苦労を強いることが多いような気がします。自分がそうだったからというだけの理由で、他の人にも苦しみを味わわせようとするのです。だから、「苦悩を経て歓喜に至る」という言葉は、いかがわしくて、ぼくは大嫌いです。

ただ、だからといって、持ち上がるということを否定しているわけではありません。もう一度取り組んでみる値打ちは十分にあります。事態が改変する可能性もあります。つまり、持ち上がることも選択肢の一つです。でも、「子どもは大事、それと同等に教師も大事。どちらもつぶれてはならない」という原則からいくなら、事態の打開が困難に思えるときは、新しいクラスにかわるというのも選択肢となり得ます。

どちらの道を選択すべきか、おいそれとは答えられません。あなたも気づいている通り、持ち上がるにせよ外れるにせよ、いずれにしても辛い思いや後ろめたさは残ります。もちろん、それぞれの道に喜びを見いだすこともできますが、それぞれに負の感情も負わなければならないわけです。どちらもいいけれど、どちらもよくない。

今回、こちらの方がいいのではないかと口にする自信はありません。でも、ぼくにも同じ経験があります。それを語ることならできます。もしかしてあなたの判断の材料となるのではと、記憶を辿ってみることにしました。

ぼくは、いつも持ち上がりを希望するのですが、一度だけどうしようか迷ったことがありました。転勤したばかりの学校で五年生を受け持ったときのことです。クラス全体としては、もちろんいろいろな事件は起こるものの、外から見ても内部にいても困った状況にはありませんでした。ただ、一人の男の子と、つきあっていくことに疲れを覚えるようになったのです。一学期は、そんなことはありませんでした。彼は、集団で学校を脱け出したこともありましたが、仮説実験授業を気に入ったみたいで、討論で級友と意見のやりとりもするなど、他に問題行動をとることもなく過ごしていました。ぼくも、ここまでの担任はしつこく注意することが多かったようなので、うるさく言うことはせず、ときどきかまって遊んだりしていました。それが、二学期に入り、十月ぐらいから関係がおかしくなっていったのです。以前に比べて話を聞かなくなりました。授業中は手遊びが多くなり、体育で運動場へ出たときは勝手な動きが多くなりました。それまでも級友を引っ張ることは多かったのですが、引っ張り方が強引に、多少の脅しが入るようになりました。挙げ句はその仲間と一緒になって、ぼくのことを陰に陽にからかってきます。何かおかしい、何かあったのかと思いつつ（ここでは触れませんが、家庭の方でいろいろあったみたいです。でも、当時のぼくはその事情を知りませんでした。だから、なぜこんなふうになってきたのか、さっぱりわかりませんでした）、我慢していたのですが、或る日、とうとう堪忍袋の緒が切れてしまい、その子の襟首を摑み押さえ込んで怒鳴りつけるということをしでかしてしまいました。いまから思えば、その子はぼくを試していたのかもしれません。「こいつはいままでのがみがみうるさいだけの教師とはちょっと違うみたいだけど、ほんとうのところはどうなんだ」と、わざと話を聞かなくなったような気が、いまはするのです。でも、ぼくは彼の試験にみごとに落第しました。そして、そこから関係は悪化したままとなりました。ぼくが怒ると乱暴なのはわかったので、とことんまではやりませんが、ぼくに正面から顔を向けることがなくなりました。いつも斜に構えて上目遣いです。ぼくも、こういう感じの子どもは初めてだったので、その子の背景などがわかっていれば対し方も変えたのかもしれませんが、なさけないことに自分の在り方を問うてみる余裕もなく、その子の態度にいらいらを募らせる一方でした。そんななかで迎えた三学期末の担任希望調査。教師になって初めて、持ち上がるかどうか迷いました。

迷った原因は、もちろん彼です。まるでぼくが苛立つツボを知っているかのように、いろいろしかけてきます。このままであと一年間つきあうとなると、体調を崩してしまうのではないかと不安でした。実際、周りには言いませんでしたが、血圧がかなり高くなっていて動悸のすることがあったのです。それと、合わないものは合わない。おおぜいの人がいれば、相性のよくない相手がいて当然ですが、子どもと教師の場合も同じだと思うのです。努力はもちろんするけれど、どうしてもうまくいかない場合は、対する相手を変わった方がいいのではないかという気持ちもありました。

しかし、ほんとうにできる限りの努力をしていたのかと問うてみれば、言い切れるだけの自信はありません。現にぼくは、背景に何かあるのではないかと探ることが不十分でした。もっとできることがあるのではないか。ぼくは、学校のきまりとかで子どもを縛ることが他の教師よりはずっと少ない。だから、ぼくが担任をしている方が彼にとってまだましではないか、とも思いました。それに、ずっと持ち上がりを希望してきたのに、なぜこの学年だけできないのかという、自分自身に対する誇り、見栄みたいなものがありました。一度出会ったらとことんつき合いたいとふだん言っているのに、それに反することをして恥ずかしくないかと感じていたのです。

他の子どものことは、頭の中にほとんど浮かんできませんでした。これまでしてきたように、またやっていけるだろうと考えていました。数だけで言えば、どうしようかと迷うのは彼一人です。あとの三十三人はだいじょうぶ。でも、その一人が気になって仕方ありませんでした。

迷った挙げ句、持ち上がりで希望を出しました。しっかりとした決意ができたわけではありません。迷ったままです。提出期限の日に、いつも持ち上がっているという意地がほんの少し上回っていただけのことです。そして迎えた発表の日……ぼくは五・六年の理科専科でした。希望は第三希望まで書くことになっていましたから、二番目にあげていたのです。これまでのぼくなら、第一希望を外れたということで、聞いた瞬間ムッとした顔になっていたと思います。でも、このときは、ホッとしたのを覚えています。担任のような深いつきあいはできなくなる。苛立つことは少なくなるだろう。だけど、同じ学年なのだから、つきあい続けることはできる。つきあい方が変われば、関係自体も変化してくるのではないかと思いました。

自力ではなく（希望を出したときも迷っていました）、他力で道が決まったわけですから、どう決意すべきかなどという偉そうなことは言えません。一教師の申し開きと思って聞いてもらえれば十分です。その後の彼との関係は……悪くはなりませんでした。顔を合わせる時間が少なくなったからでしょうか、苛立つことは少なくなりました。いや、理科の授業中でも一年前よりはずっと苛々しなくなりました。お互い、担任とそのクラスの子どもという看板を背負わなくてすむようになったせいとも考えられます。そういうことでは、好転したとも言えます。でも、いい関係になったかというと、そんなことはありません。子どもたち何人かで悪さをしたとき叱ろうとしたら、ちゃんと残った子もいたのに、彼は逃げました。怒られても仕方ないなと思わせるだけの関係にはなっていなかったということです。中学校で転校して、噂を聞くこともなくなりましたが、いまどうしているのでしょう。担任になったとき彼の行状の悪さを聞かされましたが、それは教師との関係の悪さにも一因はあると思いましたから、もっと積極的にかかわる方策を採っていればと、いまごろになって思います。彼は少年野球のチームにいたので、放課後の十分、キャッチボールをする習慣をつくればよかったです。強制ではなく、本人が顔を出すまで繰り返し誘って。余計なことはおいといて、ただボールのやり取りをする……なぜ当時思いつかなかったのでしょうか。たくさんある悔いのうち、大きな一つです。

今日の手紙は自分の過去を振り返るだけで精いっぱいです。彼のことにはまだ収まりがついていません。それでも、ぼくは教師を続けています。決意できっぱりという道を歩む人もいるのでしょうが、悩みながら、ためらいながら、ゆっくり行くのも歩き方の一つだと思っていますす、正確には、そう思わないことには進めないとも言えますが、そうだったとしても、かまいません。

あなたが持ち上がるべきか否か、悩んでおられることを祝福します。持ち上がろうと上がるまいと、あなたはあなただ。あなたはただしい。ぼくの経験を語ったことがあなたの考える手助けになればと思います。

十四年二月十二日付（二月九日受）

08　発達だけを追い求めない

持ち上がるか、それとも代わるか、さぞ悩んだことでしょう。子どもたちとのいまの関係を考えれば、より深刻にならないように、ここで代わった方がいい気がする。でも、それはただ逃げているだけのような気もする。けれど、持ちこたえることができなければ、子どもも自分もほんとうに壊れてしまうと思う。しかし、努力できる気持ちがある限り、よい方向に向かうこともあるのではないかとも思う……堂々巡りは留まるところを知らないでしょう。きっと、それでいいのです。絶対に正しいとか絶対に間違いとかは、よほどの条件がつかない限り、あり得ません。どちらにしようかずっと迷って、こちらにしよう、よしこちらでいくぞ、でもまだ迷いはある……と決めるのが決断なのだと思います。今回、あなたは悩んだ末に道を決めた――わたしは担任を代わる。決めたけれど、まだ迷いは残っている――続けるべきではなかったか。だから、あなたはただしい選択をしたのです。半面を切って捨てるような選択の仕方をすることの方に、ぼくは危うさを感じます。あなたの手紙を読んで、安心しました。繰り返します。あなたはただしい。

あなたの今回の手紙に応えるためには、ここで止めておくのがいいのかもしれません。ただ、こちらかあちらか、不安定な状態にあることについて少しばかり考えてみたので、お話しした方がいいのではないかと思い、もう少し書くことにしました。よろしくおつきあいください。

「弁証法」という言葉をご存じだと思います。哲学的な意味など無視して、ぼくなりにまとめてみると、「在るものAは、自らのうちに自己を否定する要素を含む。その要素がやがて表に現れ、在るものAに対するものBとなる。この二者の対立は、単独で存在し得る自立したものどうしの対立（Aだけ・Bだけ・A対Bの三通りの在り方が可能なうえでのA対B）ではなく、相手がいないことには成立しない相互依存的対立（A対Bの在り方しかない）である。Aは、対立するBを否定することで、とは言ってもAに戻るのではなく、同時にA自身をも否定することで、より高次の在り方をするもの、Cとなる。A、B、Cの状態のいずれかを本来とするのではなく、A→B→C（高次のA）→……の動きこそ本来であると見る」というものです。戯画化して言うと、神から堕天使＝悪魔が生まれ、悪魔を否定し、悪魔を生んだような自身の在り方をも否定して、神はより高次の神＝キリスト（と言っていいのかどうか、わかりませんが）となるということです。

Ｃに上昇する前には、ＡとＢとの対立があります。ＡであるのだけれどＢでもある。Ｂではないが、Ａでもない。確定しない状態にあります。その状態を脱して、一段上の確定したＣ（neo A）へ至る、というのがぼくの理解した弁証法なのですが、neo Aはやがてneo Bを生み、その対立状態からまたneo・neo Aに至り……と、どんどん上昇していきます。その先に、やがて〈絶対〉といえるものに到達すると考える人もいれば、無限の上昇を続けるだけだという人もいますが、いずれにせよ対立状況は克服され、より進歩した状況が実現されると考えています。

この考え方は、人の基本的な在り方、つまり目的を立て、それに向けて努力し、実現した後はまた新たな目的を立て努力していく、という合目的的活動にも通じていると思います。それは、ものごとは発達・発展していくものだと捉えている点です。弁証法では、ある状態はいったん否定され、より高い状態に成り上がる。合目的的活動では、高い目的を立て、そこから現状を見て（つまり否定して）目的に近づこうとする。ともに否定を経て、より発達・発展していくという考え方に立っています。そのとき時間は直線として無限に進むものです（ただし、時間の流れる向きは逆です。弁証法は過去の原因から、合目的的活動は未来の目的から始まります）。

発達・発展の考え方を端的に表しているのが〈仕事〉でしょう。何かのために働く。負の要素を持ちながらも、それを克服して発達・発展していく。その構えで人類は歴史を前進させてきました。少なくとも近代においては、弁証法的な考え方をもとに合目的的な活動、つまり〈仕事〉をしてきました。発達・発展するためには、AとBとの対立状態は克服されるべきものでした。だから人は、悩みながらも、どうすべきか、必ず答えを出さなければならなかったのです。

発達・発展は確かに人類の事実です。事実「である」は得てして強制「すべき」となるものですが、でも、事実であるからといって、必ずそうすべきであると単純に割り切っていいものでしょうか。また、それ以前に、事実ははたして発達・発展だけなのでしょうか。

AとBがあって対立しているとき、その間をうろうろするような在り方も、あってもいいような気がするのです。一段高いCに達することはなく、Aだ、Bだ、いやAだ……と、ぐるぐる回り続けている。そういうのも、発達とは無関係だけれど、おもしろいのではないかと思います。このとき「おもしろい」と感じるのは、Cという高みに立つからではありません。循環している状態を、そこを離れて眺めている〈目〉が生まれるからです。この〈目〉は自分の背後に立つもう一人の自分のようにも思えるし、異次元が開かれたような気もします。得体は知れませんが、この〈目〉が現れれば、答えが出ず、右往左往していること自体をおもしろがることができるのではないかと思うのです。

目的は消え、発展はしない、時間は現在に閉じている。いまある状態に留まっているとも言える。これは、〈遊び〉です。〈遊び〉は、より高い状態を目指すのではなく、いまある状態をたのしむものです。高く高くと行く弁証法に対して、そのままをたのしみます。ひたすら高く登っていこうとする時代は、地球が閉じた系であることが理解され始めたいま、限界を迎えています。これからは、いまあることをたのしむ時代であるような気がします。〈仕事〉から〈遊び〉へ、両者を認めつつ、視点を切り換える必要があるでしょう。

　教師をしていておかしいと思われるかもしれませんが、発達ばかり追い求める必要はない、むしろそれでは行き詰まるのではないか、と考えています。これは、子どもに留まらず、教師——おとなにも言えることです。仮の答えを出さねばならないことはあっても、ほんとうの答えは性急に求めてはなりません。ゆっくり、おもしろがって、見ていましょう。

　ごめんなさい。わからないような、わかったような、でもわからないような話になったかもしれません。そこで、最後は力になる話で締めくくることにしましょう。イスラムの教えに「インシャラー（Inshallah إن شاء الله）」という言葉があります。「神の御心のままに」と訳されますが、「すべては神の思し召しである。こうなったのは、神がそう望んだからなのだ。自分の責任ではない」ということになって、たとえば遅刻されたときにこの言葉を言われると「無責任だ」と腹が立つ、と聞いたことがあります。確かに、日本人のように、なにごとも人が動かすものだと思っている者には苛立つ言葉です。でも、「思い煩うことはない。努力はするけれど、結果はすべて神さまが決めているのだから、それに任せればよいのだ」と受け取れば、どれだけ肩の力が抜けることでしょう。そもそも、すべてを人が決めることができるというのは傲慢以外の何ものでもありません。思い上がりを棄て、こわばりをも棄てるためには、「インシャラー」というのはすばらしい言葉だと思います。喜ばしいことがあったときは神に感謝し、よくないことが起こっても神の望みだと諦め、恨まない。神を信ずる心があれば――御利益宗教の神さまを思い浮かべてはいけません。だから言い換えます――〈大いなるもの〉を信ずる心があれば、人はたのしくやっていけるでしょう。〈大いなるもの〉とは、あなたが極限の存在を想像するとき、想像し得た極限存在のさらに向こうにいる、したがって人の思考の及ぶところではない（そういう意味では、ない＝無に等しい）、しかし在ると思われる・思わざるを得ない存在です。

追伸：さっき窓を開けたら、蟹座が空高くかかっていました。と言っても、明るく目立つ星はないので、双子座と獅子座の間のあの辺り……という感じ。この蟹は、ヘラクレスが、首が九本もある、山ほどの大きさの毒蛇を退治したときに、岩陰からこそこそっと這い出してきて、鋏でヘラクレスの足をはさみつけたものの、「なんだ、こいつ。じゃまするな」と踏みつぶされ、それ以来横向きにしか歩けなくなった、でもヘラクレスを嫌うヘラによって星にしてもらった、という蟹です。子どもたちに話すときは、「蟹座とヒドラ座（九本首の大毒蛇のことです。通常は海蛇座といいます）の話をします」と言っておいて毒蛇の話だけで終わらせ、「あれっ、蟹は？」と言ってから先の話をします。蟹座生まれの子どもががっかりするといけないので、最後に「ぼくも蟹座」とかわすことにしています。双眼鏡で見れば、蟹の甲羅の真ん中辺りの、蜂が群がったように見えるプレセペ星団がなかなかすてきなのですが、中国の星座では積尸気《ししき》という霊魂の集まる場所だそうです。ぼくも蟹座。

十四年三月三十日付（三月二十七日受）

09　教育は遊びだ！

新学年の始業式直前というのは、知らない子どもに出会わなければならないという不安が最大になるときですが同時に、新しい子どもに出会えるのだという期待も最大になっている時期です。二つの気持ちの間の揺れ動きをたのしむ心構えでいましょう、と気楽なことを言っておきます。子どもたちと出会う日には、つまり最初に教室に入ったときには「この先生はおもしろそう」と思われるような授業をしてください。人の印象はつきあっているうちに変わっていくものだけれど、なんといっても最初の印象は大きな力を持つからです。このことは実習のときに話したし、改めて言う必要はないのかもしれませんが、念には念を。

それから、新しいクラスに代わったことについては、繰り返します、あなたの決断はただしい。他人の評価は、耳を貸さず放ったままにしておいてかまいません。自身にしっかり向き合ったうえでの結論というものはおそらく、単なる個人の意志に依るというようなものではなく、世界全体がそう望んだのだ、と思えるようなところがあります。その声に静かに従ってください。新しい六年生を遠くから眺めつつ、目の前の三年生としっかりかかわっていきましょう。三年というのは、ぼくの経験からいけば、小学校でいちばん元気な学年です。学校には慣れた、でも人目を気にするほどまでにはまだおとなになっていない。だから、たのしい授業をすれば、盛り上がった気持ちを正直に身体全体で表現してくれます。これほどわかりやすく「いい授業ができた！」と思わせてくれる学年はありません。子どもたちから元気をもらえること、必至です。期待して臨んでだいじょうぶです。

この後は、あなたの手紙に対する直接の返事ではないけれど、教育というものをどう捉えたらいいのか、少し前から考えていたので、それを述べてみようと思います。子どもとのかかわりを考えるうえで多少とも意義があるのではないかと自負しています。

教育は遊びだ――これは、強く意識させるために、教育は遊びであるべきだ、と言いたいのです。でも、遊びにそもそも「すべき」とか「ねばならない」は合いません。そんなふうに考えると遊びでなくなる、と言われるでしょう。その通りです。だから、遊ぶべきだという言い方はしませんが、教育もまた遊びと捉えることができる、と強く思ってほしいのです。真面目な印象の教育を、ともするといいかげんな印象を持たれる遊びだと見なした方がどうしていいのか、論じてみます。

〈遊び〉に対立する概念は〈仕事〉でしょう。仕事は、何かのためにする行為です。つまり、目的とすべき状態が、いましている行為の結果として、行為の外に設定されている行為です。金を得るために餅を売る、餅を作るために米を蒸す、稲を栽培するために田を耕す。こういうのが仕事です。それに対し、遊びはこういった目的を持ちません。子どもが鬼ごっこで走り回っている、おとなが釣り堀に糸を垂らしている。これらはみな、その行為自体をたのしんでいるのです。体力をつけるためとか、今日の糧を得るためとかではありません。仕事の目的が行為の外にあるのに対し、遊びの目的は行為の内にあると言っていいでしょう。

遊びと仕事の違いは、目的がどこにあるかという、この一点にかかっています。行為の内容で決まるのではありません。同じ行為が目的の在りどころによって、遊びになったり仕事になったりするのです。たとえば、同じ野球をしていても、子どもたちの草野球は遊びですし、プロ選手の試合は仕事です。子どもは投げ、打ち、走ること自体をたのしんでいますが、プロ選手は富や名誉のために投げ、打ち、走ります。

では、教育はどうでしょう。世間一般の受け止め方からいうなら、教育はまちがいなく仕事です。社会の側に視点を置いて社会的に有能な人材を養成することを目的としても、個人の側から見て個々人の能力を発達させることを目的としても、その目的は、教える―学ぶという行為とは直接の関係がなく、その行為の外に置かれているからです。このとき教育行為は目的実現のための手段です。そう、教育を仕事と見る限り、教育は手段に過ぎないのです。かつて「教育の目的は倫理学から、方法は心理学から」などということが言われたそうですが、教育行為は重要ではあるけれど、基本、副次的な行為のように扱われてきました。

けれども、教育行為は、外的な目的を外したとしても、それ自体が目的となるような行為、それ自体で成り立つ行為だと、ぼくは考えてみたのです。赤ん坊として生まれて以来ずっと、人間は教えられ学んでいきます。何かを身につけるために、何かになるために教え―学んでいくのですが、その行為が長期間にわたって続き得るということは、教えること―学ぶこと自体がたのしいからこそ可能になるのだとは考えられないでしょうか。教育はきっと、義務感だけでなされるものではないのです。「ねばならない」だけであんなに面倒くさい子育てをするほど、人は禁欲的だとは思えません。子どもを一人前のおとなにすることに喜びを感じる、というのは、子どもが一人前になったとき、そこまで育ててきた苦労が反転して喜びになるというのではなく、子どもを育てていく過程自体がたのしいものなのだ、ということだと思います。また、ヒトには子育ての本能のようなものがあるのだ、というのもつまり、子どもとかかわること自体をたのしいと感じられるようにできていると言い換えられるでしょう。人類の誕生と教育の始まりは時を同じくしているのです。多くのことを教えなければこの子は生きていけないと感じたとき、と同時に、この子を育てることはたのしいことだと気づいたとき、ヒトは人としての一歩を踏み出したのだと、ぼくは想像しています。教育行為なしに人間は人間たり得ませんが、その意味は、人間である・になるためには教育が必要だというだけでなく、教育行為は人間であることそのものだという意味でもあると思います。

ここまで述べてきたことをわかっていただけたでしょうか。教育はその根本において、教育するために教育するもの、つまり目的の内在する遊びなのです。「教育＝遊び」と見ることで教育行為の在り方が大きく違ってくることは確実です。

ふつう思い起こされる教育、つまり仕事として捉えた教育は、その活動の外に持つ目的への距離によって活動の値打ちが決まります。目的に近づいた活動はよいものであり、目的から遠い活動はよくないのです。この判断自体は合理的で、当然のことでしょう。ただ、目的は往々にして人の価値を測るものさしとなります。そうなると、「よい」は「善い」、「よくない」は「悪い」となってしまいます。また、目的に近づけるかどうかで、活動に損得も発生してくるでしょう。そうなれば、人は損か得かで行動してしまいがちです。「教育＝仕事」観は必ずしも真面目であるとは思えません。

一方、遊びだと見た教育は、活動自体が目的です。だから、活動してさえいれば、差のつけようがありません。つまり、値打ちの差は出ません。ものさしとなるものがないので、善悪や損得も出てきません。活動するときはその活動に純粋に打ち込んでいます。だから「教育＝遊び」観は、ほんとうは真面目なのです。

こう考えてくると、教育観の一八〇度の転換を迫っているように思われるかもしれません。しかし、実際の教育は、仕事の教育と遊びの教育、いずれか一方で単純に捉えられるようなものとは違います。先に、仕事と遊びは、目的が外にあるかそれ自体かという点で異なるだけで、活動内容は同じだと言いましたが、それゆえに、分けることが困難である場合もあれば、簡単に転換する場合もあるのです。

たとえば、野球を職業としている人たちは富や名誉を得られるのなら他の活動でもいいのか、ということになると、自分の活動を単なる仕事とは割り切っていないことの方が多いと思います。富や名誉という目的はしばしば消えてしまって、遊びに近いものとなることもあるはずです。いや、実際にプレーしているときは遊びなのかもしれません。あわやホームランという打球に、フェンスに激突するおそれを省みず、外野手は飛びつきます。怪我をすれば選手生命を絶たれるかもしれないなどということは、その瞬間、頭にありません。ただ打球を捕らえたいだけです。子どものころの遊びがおとなになって仕事になったのですが、仕事中は遊びをしているわけです。だから、富や名声を得るための野球以外の職業はほとんど考えていないでしょう。

遊びだったのがいつの間にか仕事になったという人は、おおぜいいます。多くは、子どものころ或ることに興味を持って、おもしろくて趣味にしているうちに、それに関連する職業に就いて賃金を得るようになった人たちです。職を得るために自分の興味を棄てたりはしていませんから、先の野球選手のように、遊びみたいに仕事ができます。ただ職業となれば制約も多いので、遊びとはならずに、辛い仕事だと感じている人も少なくはないことでしょうが。

反対に、仕事に熱中するあまり、それが遊びに変わるということもあると思います。存外よくある話かもしれません。食べていくために働きだしたが、職種は何でもよかった。たまたま接客業だったというだけのことなのに、お客さんから「ありがとう」という言葉をもらうと、それが嬉しくて、より喜んでもらおうと工夫をするようになる。その工夫をまた感謝されて、金儲けのための仕事だったことが、それ自体をよくしていこうとする遊びに変わる。確かにきっかけは自発的ではなかったかもしれないけれど、みごとに転換が起こっています。

転換を云々する前に、教育活動は一つであり、それが角度によって仕事に見えたり遊びに見えたりする、と言う方が正確かもしれません。教育を何かのための仕事としか捉えないのは誤りですが、それ自体をたのしむ遊びという見方だけで教育を切ることもまた危ういです。ぼくが「教育は遊びだ」と〈遊び〉観を強調するのは、現今の教育が「役立つ」とか「できる」とか〈仕事〉観に偏っているように思え、いまをたのしいものと感じさせない、という弊害が無視できるものではなくなっていると感じるからです。〈遊び〉観が対抗観念として〈仕事〉観に拮抗するとき、教育活動は健康なものとなるに違いありません。

少し付け加えておきます。教育は遊びだ、と捉えるだけでは危険であると思う理由です。

外の目的は関係ない、教育自体がたのしいのだから、それだけに気持ちを向けていればいい――そう思っている間に、外の目的が別のものに変化していたとしたら、たいへんなことになるからです。第二次世界大戦前後の日本の公教育を見れば、外的目的なんて簡単に変えられてしまうことがわかります。「忠君愛国」できた学校が突然「民主主義」を言い始めたのです。もちろん目的の変更は内容の変更となって教育現場におりてきますから、変化に気がつかないことはないでしょうが、それでもなお、外の目的は関係ないと知らぬ顔を決め込んでいいものでしょうか。教育は遊びですが、その外的な目的にも目を向けておかなければ怖い事態を招きかねません。以上を踏まえたうえで最後にもう一度言います。教育は遊びです。

前にも言いましたが、心は形で表さないと、物にしないと通じません。たのしくつきあうために、新しい子どもたちに初日からめいっぱい、たのしい授業をしてください。そのための案・計画を載せた記事がありましたので、そのコピーを同封しています。まねすれば、子どもたちはきっと「今度の先生はおもしろそうだ」と思ってくれるに違いありません。躊躇せず、いや前回の手紙の内容に従うなら、躊躇しながらも一歩を踏み出しましょう。

十四年四月六日付（四月五日受）

この手紙に同封されたのは、次の六つの授業書案・計画です。いずれも、月刊および増刊の『たのしい授業』に掲載されています（検索は「あのな検索」で）。
■「アクロスティック」「卵立て」「プラ板」「巴鬼」「水ロケット」……出会いの授業
■「ふしぎなスプーン」……始業式の「おみやげ」

10　たのしさは増幅する

授業通信、ありがとう。子どもたちの様子がよくわかります。それぞれ予想した後、実験するとなると息を呑んで見つめる。結果が出たら、歓声を上げる（外れた子の「えーっ」も含めて）。なかには、椅子の上で踊りだした子どももいた（ぼくが昔持ったクラスでも踊った子がいました。正解で踊るというのは普遍的な反応なのかな）。たのしい授業ができて、子どもたちとすてきな出会いができて、よかったですね。おめでとう。

「授業通信」というのは、たのしい授業の記録を載せることを主とする、学級通信のことです。参考に、このときの授業通信の一部を次ページに挙げておきます（子どもの名前と学校名は仮名です。また、製本の都合上、行間を詰めてあります）。

■討論　変更を聞いた後で、意見です。
小池（ア→エ）森中さんがチャレンジでやったと言ってたけど、ぼくもやった気がする。

鶴岡（エ）イの人に質問。片足だと、左足をうかしたときには、右足に全部の体重がかかる。両足だと、半分半分にかかる(だけで、体重は全部かかってる。どちらも同じではないか）。

野村（イ）だとしたら、片足けんけんをしたとき、なぜ足が痛くなるのか。

鶴岡（エ）それは、片足だけが体重を受けて動こうとするから。

野村（イ）衣服の重さなどで重くなるのではないか。

鶴岡（エ）服は、体重計とは関係ない。

同じ人が別のポーズで立つので、同じ服を着ているから、服のことは考えに入れなくていいです。

杉浦（ウ）イの人に。片足で立つだけで重くなるのは、なぜか。

皆川（イ）片足でのると、バランスをとれずに動いてしまう。動くと、重さがかかる。だから重くなる
杉浦（ウ）片足で立っても、変わって重くはならない。

皆川（イ）家でやってみたら、違いがあった。

杉浦（ウ）片足になっても、片足に重さが集中するわけではない。重さは変わらない。

皆川（イ）片足で立ったら、重さは片足に集中して、重くなる。

野村（イ）なぜ、片足に重さが集中しないと言えるのか。

うーん。それは「なぜ、重さが片足に集中すると言えるのか」と、水掛け論になっちゃうよ。

杉浦（ウ）体の重さと足の重さがあって、体の重さが片足に集中しても、重さは変わらない。ふんばった方が、重さは増える。

野村（イ）ただしゃがむのと、ふんばるのとでは、どちらが重い？

杉浦（ウ）ふんばった方。

野村（イ）同じなのではないか。

杉浦（ウ）体重は、ふんばるので増える。

広瀬（ウ）おんぶしているとき、上からのしかかることで重くならないのか。

小池（エ）ふんばるのは、力を入れているだけ。

広瀬（ウ）おんぶすると、重くなるのか。

林　（エ）２人分の体重になる。
広瀬（ウ）上にのってるのは１人。自分の体重は自分で支えるので、重いとは感じない。
時間がなくなってきたので、実験に移っていいですか――「はーい」。賛成多数。では、あと１人1回ずつ意見を言ってもらいましょう（質問・「攻撃」はなし）。アはもういないので、イの人。
野村：片足で立つと、骨がそっちにかたよるから、重くなる。
ウの人。
羽鳥：ふんばると、その力で重くなる。
広瀬：ふんばると、下に力がかかって、重くなる。
エの人。
小池：おんぶのときは、２人の体重が合わさる。
鶴岡：力を入れると重くなるというけれど、ただ力が入るだけで、重さは関係ない。
■実験　だれか、体重計にのってくれる人はいますか。体重がばれてしまうけど――「はーい」――たくさん手があがりました。神田くんにお願いします。まず、両足で立つと・・・23.1kg。次は、片足・・・23.1kg。最後に、ふんばって・・・23.1kg――「**よっしゃぁー**」「**えーっ**」。
ポーズに関係なく、重さは変わりません――「しゃがんでふんばってない」――じゃあ、もう一回。神田くん、しゃがんで、ふんばって・・・数字が動いていたけれど、いちばん長い時間出ていたのは、やはり23.1kgでした――「**イエーイ**」。はい、給食の用意。

授業通信 **「わたしは、すてきだ」**　久保寺小学校　３年１組　No.13（２枚）　14.04.30

ふんばったら・・・あれ？ 変わらない！

この前、体育で「ともえおに」をしました。先々週、初めてしたときには転んで手やひざをすりむいた人が出たので、ちょっと心配でしたが、さすがにもう転ぶことはほとんどなくなりました。おにごっこは走ったり止まったり、急に方向を変えたり身をかわしたり、相手に合わせて走ったりと、いろいろな動きがあるので、遊びとしておもしろいだけではなく、体を鍛えることにもなります。またやろうね。

☆　　☆　　☆

２）４月28日(水)４時間目

前回、はかりの種類や重さの単位で、知っているものを出し合いました。「重さはどのはかりで量っても同じか」という質問も考えました。では、今日の問題は、

問題１

> みなさんは発育測定で体重をはかったことがありますね。そのとき、はかりの上に両足で立つのと、片足で立つのと、しゃがんでふんばるのとでは、重さはどうなるでしょう。予想を立ててみましょう。
> どうしてそう思いますか。いろいろな考えを出し合ってから、実際に確かめてみることにしましょう。はかりは、針がきちんと止まってから、目盛りをよみます。

■予想　保健室から体重計を借りてきました。針ではなく、デジタルです。

ア.両足で立っているときが一番重くなる　3－　→0
イ.片足で立っているときが一番重くなる　3－　→2
ウ.しゃがんでふんばったときが一番重い　10－　1→9
エ.どれもみな同じで変わらない　14－3 2　→19

■理由　アの人。

樋口：なんとなく。

小池：体重を測った時、片足で立った方が減ってた。だから、両足の方が思い。

イの人。

野村：片足で立ったら、そちらに体重がかかるから、重くなる。

岡本：なんとなく。

皆川：両足だと、自分の体重が体重計にのるけれど、片足だと、その体重が一つにまとまるので、重くなる。

ウの人。

杉浦：ふんばると、自分の体重を増やすように重くなる。

羽鳥：前、家の体重計でやったとき、ふんばった方が重かった。

杉山：両足で立つより、ふんばった方が重くなる。

大沢：なんとなく。

広瀬：たとえば大雨のとき、風で飛ばされないようにふんばるけれど、体重計もふんばるのに反応する。

寺田：テレビで、指を曲げたら体重が軽くなるのを見た。両足は、力が入っていないから、ふつうだけど、ふんばると、力が入っているから、重くなる。

森下：力が入ると、体重は重くなる。

エの人。

国貞：なんとなく。

森中：チャレンジでやった気がする。

三浦：体重計にのってる人は、どれも同じだから。

林　：両足だと、ふつうの重さ。片足だと、その重さは立っている足の方にいく。ふんばると、その力はそのまま。

授業通信を発行するのは、確かに時間はとられるけれど、まず作っているときに自分が授業を思い出すことができてたのしいし、それに子どもたちに読んでやると、今度は子どもたちが授業を思いだして喜ぶことになって、二倍、三倍にたのしいでしょう。保護者も、ぼくのこれまでの経験でいけば、「子どもたちの様子がよくわかる」と評価してくれていました（クラスに一人か二人という割合で、ぼくが担任でなくなった後も通信を綴じて残しているという家庭がありました）。無理は禁物だけれど、可能な限り続けてみてください。そして、よければ、送ってください。ぼくも読者としてたのしみたいです。

子どもとたのしくやれそうだという予感、何よりです。今回は、お話しすることは差し控えます。創立五十周年の行事があるとかで六年生も参加せねばならず、どうせなら芝居にしてやれということで脚本を書き、演出をし、ということで少しバタバタしていまして、落ち着いて考える時間を取れないのです。ふだんでもまとまっているかどうか自信がないのに、これ以上生煮えの思考のまま手紙を書くことは失礼だし、自分自身恥ずかしいです。だから、ゆっくり考える時間がとれたときにお便りします。たのしい授業に、たのしい授業通信。たのしさがどんどん増幅していきますように。

十四年五月十日付（五月六日受）

11　目的として実現するのではなく、結果として実現される

返事が遅くなってしまって、ごめんなさい。林間学校ではしゃぎすぎたせいか、戻ってから夏風邪をひいてしまい、しばらく調子がよくなかったのです。気分のすぐれないまま返事を書くのはやめておこうと思っている間に、時間が経ってしまいました。今日はようやく「よし、手紙」と気合いが入ったので、筆を手にした次第です。

浮かれてしまったのは、今年は例年になく、星空がよく見えたからです。鉢伏高原は、天気さえよければ星がよく見えるのですが、天気の変わり方も激しく、昼間は晴れていたのに夜になって曇るということも多くて、連日長時間見ていられるということはまずありません。ところが、今年は二晩とも、雲がほとんど出なかったのです。子どもたちにももちろんたっぷり見せて、彼らが寝た後はおとなたちでたのしみました。それはいいのですが、たのしむためには寝てはいられません。ということで、極端な寝不足。学校に帰ったころは、ぼーっとしていました。風邪をひいたのは、はしゃぎすぎの反動です。

でも、ほんとうにすてきな星空でした。天の河をあんなにはっきり見たのは初めてです。銀河（Galaxy）はMilky Way（乳の道）とも言います。これは赤ん坊のヘラクレスがヘラのおっぱいを吸ったとき、あまりに強く吸ったので、おっぱいがほとばしり、その跡が銀河になった

と言われているからです（GalaxyのGalaはギリシア語で「乳」の意味です。乳製品に含まれるガラクトースの「ガラ」と同じ）。街中では真夜中に空を見上げても「どこが天の河？」という感じなのですが、今回はヴェガとアルタイルを隔てているのがよくわかりました。そうそう、子どもたちと見ていたとき、琴座の話になって、オルフェウスがエウリディケを追って死者の国へ……やめておきましょう。気を持たせてわるいけれど、自分の趣味に走ってしまって、肝心な話ができなくなってしまいます。では、本題。

送ってもらった授業通信に子どもの感想が載っていて、そのなかに「三年生で初めて理科を勉強しました。毎日理科があればいいなと思いました」というものがありましたが、これは最高の賛辞です。授業で大事なのは、理解させ知識を蓄えさせること以上に、頭を使うのはたのしいことだと感じさせることです。態度・関心を育てるなどと言いますが、要は学ぶ内容を・学ぶということを好きになってもらうことです。好きになれば、人は自分で動き始めるものだからです。水を飲ませることでも、水のあるところへ連れていくことでもなく、水のあるところへ行きたい気分にさせることが教師の仕事です。そういう意味で、「理科（正確には「科学」ですが）はおもしろい」と子どもに思わせたことは、授業はたいへんうまくいったと言えるでしょう。

しかし、好きにならせることがいちばんと言っても、それを直接の目的にすることには無理があります。「好きになりなさい」と言われて好きになれるものではないでしょう。あくまで知識を身につけさせることを目的にして、そのために自然と頭を使う状況をつくって、結果的に、学んでいる内容・考えるということはおもしろいと気づかせなければなりません。好きにさせることが間接的な目的になってしまうところが難しいところですが、仮説実験授業は、ぼくの知る限り、その難点を見事に克服していると思います。予想を持って問題に臨み、実験で正否を問うという形は、頭を働かせざるを得ない状況をみごとにつくり出します。これからも子どもの期待に応えて、一部の教師の冷たい視線にもめげずに、仮説実験授業を続けてください。ぼくたちは、おとなではなく、子どもたちの直の感想を根拠にしましょう。

次は、あなたの感想からです。手紙の中に「休み時間や放課後も子どもたちとたのしく過ごしています」という一節がありました。それは、あなたも気づいているように、授業をたのしくすることができたためです。子どもが学校で過ごす時間のなかでいちばん多いのは授業です。その授業がたのしくなれば、当然、学校生活全体がたのしいものとなります。人はたのしいと余裕ができ、余裕ができれば、他者との関係もぎすぎすしたものにはなりません。これは子どもだって同じことです。たのしい授業があなたと子どもに、そしておそらくは子どもどうしの間に、いい関係をもたらしたと言っていいでしょう。

いい人間関係は翻って、たのしい授業の基盤ともなります。信用し合える者たちと受ける授業なら、その中の討論もたのしいものとなるに違いありません。しかし、だからといって、人間関係をまずよくしようと、それを直接の狙いとすることは禁物です。「なかよくしよう」といってなかよくできるものではないでしょう。「好きになりなさい」と同じことです。人間関係はあくまで何らかの共同作業を媒介として築かれるものです。チームの和をつくって勝とうとするようなことがよく言われますが、あれは話が逆で、勝とうとするなかで和は生まれるものです。なかよしのための和はすぐ崩れますが、作業を通して生まれた和は簡単には壊れません。子どもと教師の関係は授業を仲立ちに形作られていくもの、いくべきものです。子どもどうしの関係形成においても授業の占める割合は大きいと思います。人間関係はいわば「在るけれど、摑めないもの」です。それは、「摑めるもの」を扱うなかで間接的につくられていくのです。どうぞ授業を第一に考えてください。

最後に、子どもたちのいいところをあなたは授業通信の記事にたくさん取り上げているので、いまさら言う必要はないかもしれないのですが、子どもを多面的に捉えるためには子どもを様々な状況に置くことが肝要で、その状況は教師が意図的につくらねばならないものだということを、念のために言っておこうと思います。

子どもの様々な側面を見つけようとするのは、「この子はこんな子」という固定した子ども像を排するためです。優等生と見られた子は優等生になり、やんちゃと見られた子はやんちゃになる、と言います。おとなの付けたレッテル通りに、子どもはなってしまいがちです。しかし、表から見れば真っ黒な石壁も、裏へ回れば真っ白ということがあります。右から見ても左から見ても長方形の箱に見えたものが、上から覗けば円い茶筒だったりします。レッテル貼りは、子どもをこちらの思った型にはめこむのと同じで、危ういです。そういう事態は断じて避けねばなりません。

ただ、人とかかわろうとするとき、その人に関して予め何らかの像を持って臨まないというのは不安でもあります。こういう人だろう、と見方を決めておいた方が安心してかかわりを始められるかもしれません。予め持つ像はそういう意味で仕方のないものです。持たずにおこうと決意すればすぐに消してしまえるようなものではありません。しかし、だからと言って持ち続けていれば、対する人の持つ多様な可能性を限ってしまうことになりかねません。やはり予めの像は意識して消してしまうべきでしょう。

特に教師は、子どもの変容、子ども自身の自己投企を目指しているのですから、子ども像を固定しないこと、変わる・変える可能性を常に意識していること、したがって自覚的に予めの像を脇に置いて見ることが肝要です。予めの像を最初だけの手段—道具だと理解し、その後は意識的に、変化するのが当然のものとして捉える必要があります。

様々な面を見つけるには、たのしい場面を数多くつくることが重要だと思います。たのしければ人は活動的になり、いろいろな側面を見せるからです。論争をしていた子どもどうしが相手のことを、しっかり意見が言えてえらい、と感心し合ったり、やんちゃに見えた子どもが意見の交通整理をしたり、「こんなこともするんだ」「こんなところもあるのか」と、それまで見えなかった面がたくさん目に入ってきます。ここで見ることができた像を今後あなたは頭に入れて、その子のことを見るようになるでしょうから、そうすればその子とのかかわり方が変わってきます。かかわり方が変われば、その子もいままでと違った子どもになるでしょう。

いろいろな面を見つけられるのはたのしい場面に限らないのですが、苦しい場面だと、子どもにもこちらにも余裕がありません。余裕がないと、それまでと違う面が出てきにくいだろうし、またこちらも気にしていられません。だからやはり、たのしい場面をつくることは大事なのです。それは、意図的に子どもにかかわろうとする教師の仕事です。

いま思いついたので、もうひとつ付け加えさせてください。性格のことです。ぼくは、子どもがどのような性格であろうと、あまり気にしないのですが、「言うべきときには人前で意見を言えるように引っ込み思案の性格をなんとかしてやりたい」などと思う人もいるようです。しかし、性格というのは、実在するものというよりは、諸々の行動の背後に想定されたものですから、直接の対象として変えることはできません。でも行動ならば、実際にかかわることができます。したがって、行動は変えられます。行動が変わっていけば、その背後に見える性格も変わっていくでしょう。つまり、性格を変えようとするのなら、行動を変えればよいということです。そして、行動を変えるには見方を変えることです。異なる局面で異なる側面に気づけば、「こんなところもあるのだから」と、つきあい方を変えることになるでしょう。すると、それに応じて、相手もつきあい方を変えます。結果的に行動が変わって、結局、性格が変わることになるのです。子どもを変えたい（もちろんよい方向へ）と思うとき、思いだしてみてください。

今日の話はすべて、書いてから気づいたのですが、「○○を介して」という内容でした。好きにさせる、なかよくさせる、先入観を排する、性格を変える――教育には、目的を立てても、その目的を直接的に実現できるというのではなく、○○をした結果として実現される、という面が強いのだと思います。面倒と言えば面倒なのですが、間接的であるだけに、自分のしていることがどう目的につながるのか、自覚的であることが鍵となってきます。自覚と言えば、ぼくの考えでは、人間を他の動物から際立たせる行為ですから、教育というのは極めて人間的な行為であると言えます。教育は何かの手段として捉えられることの多い行為ですが、実は人間にとって本質的な行為であるのです。教師として誇りを持って子どもたちに臨んでください。

夏休みも半ばを過ぎました。最近は出勤しなければならない日が増えたとはいえ、学期中に比べれば、自分の自由にできる時間がたくさんあります。好きなこと、たのしいことに思いきり注ぎ込みましょう。

十四年八月十二日付（七月六日受）

12　二人でありながら一つ、一つでありながら二人

何が自然であるのかと問えば、そんな簡単に答えられるものではありません。結婚し子どもを産み育てるということをあたりまえのように捉えることには、抵抗があります。それを「あたりまえ」と捉えることは、「あたりまえでない」人にとって強い枷《かせ》となるからです。あたりまえと思うのも思わないのも、どちらもあたりまえになるといいのですが。でもいまは、手紙を開いた瞬間の気持ちを伝えたいです。ただ単純素朴に「よかった。喜ばしい」と思いました。ご婚約、おめでとうございます。

素直に祝福すればいいものを、ひねくれたものの言いよう、ぼくらしいと思って笑ってください。「おめでとう」を、なんであれ笑顔で受け取ってもらえたら、これほどうれしいことはありません。もう一度、おめでとう。さらなる幸せを祈ります。

さて、ここからが、理屈をこねたがるぼくの本領発揮。偉そうなことを言わせてもらいます。とは言っても、経験の裏打ちのない、頭の中で組み立てた考えです。少しは理のある屁理屈だと思って聞いてくだされば十分です。

人に主語、つまり「わたし」が現れるのは、「あなた」が現れたときです。それまでは「活動している者」はいても、その者に「わたし」という意識——自覚はありません。ただ活動し

ているだけです。活動の対象に何かしらひっかかりを感じたとき、そして「これが相手か」と思った瞬間、つまり「あなた」を見つけた刹那、「活動している者」に「わたし」という自意識が生まれるのです――「あなたがわたしの相手」。「あなた」となる者は特定の他者です。人とは限りません。他の種の生物であったり、モノであったり、ときには観念であったりもします。「あなた」となり得る可能性はすべての他者に認められますが、現実に「あなた」となるものはひとつ、または少数です。なぜ或る特定のものだけが「あなた」になるのか、なぜほかの他者は「あなた」にならずに終わるのか、それはわかりません。でも、「あなた」と同時に「わたし」が意識されるようになるのは確かなことだと思います。

だから、人が人を好きになる場合を考えると、人は「あなた」を好きになってから「わたし」を意識するようになるのであって、「わたし」が「あなた」を好きになるわけではありません。もし「わたしが好きになる」のであれば、「わたし」の基準で判断するはずですから、「なんであんな人を……」と思うような人を「あなた」とすることはないでしょう。ところが実際には、「なんであんな人を……」と思われる人を選んでしまっていることが思いの外たくさんあります。これこそ、まず初めにあるのは「好き」である証拠です。

では、なぜ「好き」が生じるのか……は、今回の主題ではありません。だいいち、それはそう簡単には解けない問題です。いま言いたいのは、相手があって初めて自分というものを意識する、相手を思うことは自分を考えることになる、相手のためにすることは自分に還ってくるということです。だから、誰かを好きになるということは、自分を成長させる大きな力となるのです。これはあなたに限った話ではありません。あなたの相手の方にとっては、あなたが相手となります。あなたを思うことで、相手の方も自分を成長させるでしょう。つまり、好きになったどうしは、それぞれが相手を思うことで互いに成長するのです。夫婦というのは、より身近で成長し合う場だとも言えるわけです。

もし結婚すること、いっしょになるということが、どちらか一方が他方を吸収して一つの生命体になることを意味するとしたら、夫婦であることに葛藤は生じないでしょう。そこには、夫か妻か、どちらか一方の主体しか存在しないからです。もう一方の「かつて主体であったもの」は他方の従属物と化しているはずです。でも実際には、夫婦という一つの生命体になったとしても、そこには二つの主体がいるのです。夫と妻はそれぞれ、あくまで別個の生命体です。二人が思い合い成長し合う限りは、一つの生命体としてあることと、それぞれが主体であることとは並立します。と言うより、相互に支え合っています。けれども、相手を思うことがなくなったとしたら、夫婦であることとそれぞれ個人であることとは両立しません。妻と夫、どちらか一方が他方を呑み込んで個体が一つ消失してしまうか、二つの個体がばらばらになって夫婦として成り立たなくなるか、いずれかです。二人でありながら一つ、一つでありながら二人であるためには、互いに相手を好きであり続けることが必要なのです。しかし、好きになりいっしょになることはたやすいことですが、好きであり続けることは、いっしょになろうとしている時点では想像がつかないほど難しいことです。惹かれた一点を見つめていることと、いろいろ目に入る全体を見渡していることとを、比較して思い浮かべてみてください。

ここは、子どもを見る際の手法が使えると思います。見る視点をずらすのです。異なる角度から見れば、異なる面が見えるもの。たのしい状況をつくれば、すてきな側面が見えてくるはずです。新たなすばらしい面を発見し続けていけば、好きであり続けられます。これは、子どもとのかかわり方からの類推ではありますが、人間関係一般にとって普遍的な方法であるように思います。どうぞ、いつまでもお互いを好きどうしの、二人でありながら一つの（二即一）、そして一つでありながら二人の（一即二）、すてきな夫婦になってください。心より願っています。

最後にもう一つ、お話があります。式にご招待いただき、ありがとうございました。披露宴の席の周りはおそらく知らない人ばかりになるだろうから、正直な話、そういう状況は大の苦手なのだけれど、二人の幸せな顔を見たい気持ちの方が強いので、出席させていただきます。末席にお加えください。ただ、あの……、手紙にあったスピーチだけは勘弁してください。ぼくが元気に喋れるのは教室で、子どもの前限定で、おとな相手に話せるようになるには前もって親しくなる時間がそうとう要るのです。なしにしてもらえると、ありがたいです。ごめんなさい。

追伸：こちらも大事な話なのに、後にしてしまって、またごめんなさい。授業、たのしくできているようですね。「仮説実験授業が主です。そうするために教科書を要領よく進めています」とありましたが、えらい。よく見切ることができました。たのしいことを第一に考えましょう。それから、授業通信、ありがとう。発行の様式が固まってきたようですね。こういうものは一定の形式を持っていて、それにはめるようにすると、費やす時間を短縮することができます。いい調子です。

十四年十二月二十八日付（十二月二十七日受）

13 期待し、期待外れをたのしむ

わかりました。人前で話すのは避けたいという願いは、今回、取り下げます。あなたが元気に教師をしていることを話し、子どもと過ごすのはたのしいことだと知ってもらうためなら、ぼくにも少しは手伝えるかもしれません。清水の舞台からではなく、大蛇嵓《だいじゃぐら》（大台ヶ原）から飛び降りるつもりでやってみます。実際に出かけたときには、崖下を覗き見るのが恐ろしくて、大岩の先端まで出られなかったのだけれど、夢の中なら飛べる！

ただ、予防線を張っているみたいですが、というより、予防線そのものなのですが、あまり期待はしないように（ここから、ぼくがにやにやしながら話しているところを想像してください）。いいですか、期待は、する方の身勝手なのです。される方に責任はありません。期待通りにならなかったとき、責められるべきは期待された方ではなく、した方なのです。相手の今後に対して見誤りをしたのですから。自分の思いを人に押しつけるものではありません。余計な圧力をかけてはいけないのです。期待するにしても、そのことをわきまえて期待すべきです。

子どもに接するときも（ここから真顔に戻っています）、気をつけるべきです。確かに子どもには周囲の期待が必要です。それは彼らの成長を支えるものだからです。しかし、期待が思いの押しつけになってしまうと、子どもにとって負担になるにせよ、反発のもとになるにせよ、その成長を阻害するものとなります。自分の道は自分で決めるべきものです。それは子どもにあっても同じことで、加えて子どもであっても、その力を持っています。だから、期待はするけれど、押しつけにはならないように心して期待する必要があります。後で「期待を裏切られた」などと感じるのは押しつけた証拠です。期待を寄せると同時に、「期待外れ」をたのしむつもりでいましょう。ぼくは、子どもたちにたのしい思いをたくさんしてもらって、彼らの未来を開きたいと考えています。でも、どの道を進んでいくかは、子どもが自身で決めることです。そのとき、そしてその後、にこにこ眺めていたいと思います。

式の挨拶の事前の言い訳をしていたはずなのですが、いつの間にか語りだしてしまいました。ぼくが話し出すと、予定地点を越えてどんどん行ってしまうのは、実習のときの放課後、一日を振り返って話し合ったときに経験ずみですね。例の調子でやっていると、笑ってください。挨拶、喜んでもらえるよう考えます。

追伸：ということで、ブタンガスの実験で話を始めようと思いつきました。あなたはもう答えを知っているからおもしろくないかもしれないけれど、そのかわり式場の人たちがどんな反応を示すか、それを予想して見ていてください。ただ、火を使うので会場の許可がいるかもしれないから、よろしくお願いします。可能であるならば、司会の人にでも消火器を持たせて、ぼくの横に立っていてもらうと演出効果があがるのですが。その点も、よろしく。用意までさせておいて話がうけないと辛いけれど、まあそこが大蛇嵓から飛び降りる理由で……うまくいきますように。

十五年一月一日付（十二月三十一日受）

14　枠組みを意図的に置き換える

三月は、これで終わることへの安心と悔悟、新たな始まりに対する期待と不安、それらが複雑に絡み合って、というよりは曰く言い難しの感情があって、それが一見矛盾した複数の相貌をとって現れる時期です。ぼくも、卒業式を終え、とりとめのない感情に捕らえられています。また繰り返しが始まる。かといって、同じ繰り返しではない。でも、繰り返しに変わりはない。しかし、……。

六年生の卒業、おめでとう。後任の人がうるさい人でなくて、よかったですね。きっと、あるべき姿から始めるのではなく、あるがままの姿を認めることから始める人だったのでしょう。子どもは、いや、子どもに限りませんが、なにはともあれ受け容れていると感じることができれば、落ち着くものです。だから、にぎやかさに変わりはなかったらしいけれど、「問題行動」も減っていったのだと思います。

卒業生のなかに、「このクラスでよかった」とわざわざあなたに言ってくれた子どもがいたというのは、不思議であり、不思議ではないと思います。同級生が荒れていくのを見るのは辛いことだったかもしれません。荒れが自分に向けられたらと思うと気が気ではなかったかもしれません。だから、このクラスにいたくないと思ったことがあったとしても、おかしくはないでしょう。けれども、あなたがずっと知らせてくれていたクラスの様子を振り返ってみると、子どもどうしの間で問題が起こったということは二学期以降ほとんどなかったようです。荒れた子どもたちがその荒れを同じクラスの子どもたちには向けなかったためでしょう。子どもどうしが悪い関係にならなかった。だから、子どもたちがこのクラスであったことを特に嫌がらなかったこともおかしくはないと思います。荒れの矛先はいつもあなたに向けられていました。

あなたが荒れを正面から受け止めたからです。その分、子どもどうしがまずい関係になることは避けることができたのです。荒れをぶつけられてしんどかっただろうけれど、あなたはよく頑張った。

子どもたちはあなたの問題を解決する技量の未熟さ（ごめんなさい）を見たでしょう。でも同時に、それでもなお自分の問題としてなんとかしようと努力を続けるあなたの姿を心に刻んでいたはずです。子どもたちの本心がそんなに簡単にわかるものではありませんが、とまどい立ちすくみながら、陰で涙をこぼしながら、頑張るあなたを評価してくれていたのではないでしょうか。だからきっと「このクラスでよかった」という言葉が出たのだと思います。この言葉を最高の誉め言葉だと受け取っておきましょう。いや、間違いなくそうです。

　次に、持ち上がることになったクラスの「紙礫事件」はおもしろかったです。解釈してみましたが、これはあなたの「枠組みのすり替え」がうまくいったのだと思います。

ひとつの言葉や行為は、それ自体で意味を持つということはなく、それが置かれている状況に依って意味を帯びるものです。同一の言葉・行為であっても、それが発された・為されたおもとの枠組みが異なれば、異なる意味を持つのです。たとえば、「けっこうです」と返事したとき、それが親しい人からの食事会の提案に対するものなら肯定の返事ですが、電話での商品販売に対してなら否定の返事です。また、少し極端になるけれど、人殺しは平時では最大の犯罪ですが、戦場でなら英雄的行為です。

行為は枠組みによって意味づけられるということを理解してください。そこで、「紙礫事件」の男の子の話です。彼は明らかに、あなたに注意されたことに腹を立てて、紙をまるめて投げ始めました。あなたが注意した内容は叱って当然のことですから、彼の怒りが理不尽なことははっきりしています。けれども、彼は興奮状態になってしまったから、いまここで理を説いても聞く耳は持っていない。彼の紙礫投げは、あなたとの「けんか」（と言っていいでしょう）の枠組みの中の、怒りの行為です。そこで、あなたはおそらく、彼に応じるように怒ってはふだんの関係にまで響きかねない、周りの子どもたちを気まずい雰囲気に巻き込むことになると（意識したかどうかはわからないけれど）判断したのでしょう。キャッチボールのように紙礫を投げ返し始めた。見ていた子どもたちは、先生も怒ってしまって居心地がわるくなるかもしれないと思っていたのに、その思いに反して、先生が遊び始めたように感じたと思います。その気配を察して、あなたは「紙投げ合戦をします。新聞紙をちぎって、好きに投げていいです」と子どもたちに言いました。すると（「そこで」かな）子どもたちは待ってましたとばかりに、新聞紙の切れ端を放り出し始め、教室中に紙吹雪が舞うことになりました。そうなると、先の男の子も怒りを削がれます。ひとつひとつ丸めて礫を作るより、ちぎっては投げちぎっては投げの方がおもしろそうだと、紙吹雪をたくさん放り上げ始めました。このとき、彼の枠組みは「けんか」から「遊び」に変わっています。投げるということの意味は、怒りからたのしみに変化しました。

このときあなたが枠組みというものに自覚的であったかどうかはわかりません。図工で使う新聞紙が子どもの机の中に入っていたという幸運もありました。でも、あなたはみごとに枠組みを「けんか」から「遊び」に切り換えたのです。クラス全体が嫌な雰囲気になることを回避した。避けるどころか、いい雰囲気につくり変えた。男の子への注意が抜けていると言われるかもしれませんが、注意された内容はたぶんふだんからよく言われていることだろうから、してはいけないことになっていることは、彼は十分理解していると思います。わかっているのにまた言われたという思いが怒りをまねいたのかもしれません（それでもまた同じことをするのが子どもですが）。この場合は、後で特に言う必要はなかったでしょう。だから、あなたが「今度は、後片づけゲーム」と千切れた新聞紙を片づけた後、さっさと次の作業に移ったのは正解だと思います。

ただ、気をつけなければならないことをひとつ。いつもこの「枠組みすり替え」が使えるとは限らないのです。叱るときにしても、誰かをいじめた場合のように、話を内容から逸らしてはいけないときがあります。また、本人が、何が悪いのかわかっていないときは、強く言って、その勢いでわからせなければならないときもあります。いまは使えるのか使えないのか、その見極めは実はたいへんなのです。でも、よい方法であることに間違いはありません。あなたはいいやり方を見つけました。これからも、一瞬立ち止まって、一瞬考えて（それが難しいのは確かなのですが）、使えると判断したときには「すり替え」を使ってみてください。きっとよりたのしいクラスになると思います。
ぼくの方は、四月から三年生の担任です。三年前担任した子どもたちが六年生になるので、一度受け持った子はずっと受け持ちたいと、いつも通りで六年生を希望しようかとも思ったのですが、クラブや委員会、放課後にときどき話してくれる五年生たちの話を聞くと、五年生の担任とはとてもいい関係が持てているみたいなのです。しかも、五年生の担任がみな持ち上がりを希望するという珍しい出来事もあったので、少しばかりの寂しさを味わいつつ、第一希望にはしませんでした。ということで、得意の三年生です。

十五年三月三十一日付（三月二十八日受）

15 「すべて」は目指さない

授業通信、ありがとう。たのしく読ませてもらいました。特に、女の子二人の論争は傑作です。お互い、譲らない。でも、言い返すために、相手の言うことはよく聞いている。言い合ううちに、自分の理屈をどんどん組み立てていっている。すごいです。同じようにすごいと思ったのが、二人の「言い争い」を聞いている周りの子どもたちです。予想の変更が多かったし、何度も変える子がいました。これはよく聞いて考えている証拠です。手は挙げていなくても、頭はしっかり働かせています。この日の感想はほぼ全員が「とてもたのしかった」ですね。当然の結果です。論争したのに予想が外れた一人が「つまらなかった」にしているのは、よほど悔しかったのでしょう。これは気にする必要はありません。現に、授業書最後の感想で彼女は「とてもたのしかった」にしています。頭を使うことのたのしさに気づいてくれたのではないかと思います。

たのしく事が運んでいるときは、たのしいと思われることを次々と試してみてください。順調なときほど慎重にと言う人がいて、それはその通りなのですが、調子に乗っているときはどんどん乗ればいいと思います。転んだときのことは、転んだときに考えましょう。これはぼくの経験則。

最後にひとつだけ、留意しなければならないと思うことを挙げておきます。人と関係を築くのは、相手がおとなであれ子どもであれ、心のエネルギーを使わねばならないことです。教師のなかには、よく知らない子にも平気で声をかけたり、毎年クラスを替わったりする人がいます。すぐに関係をつくる才能・自信があるのか、子どもには適当なつきあいでいいと思っているのか、よくわかりませんが、ぼくには同じようなことはできません。仮説実験授業があるので、つきあう自信がないということはないです。それでも、「なかよくなれた」という実感を持てるまでには時間がかかるものです。手探りで始めて、一年目が終わるころに安定した関係ができるといった感じでしょうか。だから、持ち上がりの二年目は、そんなに気を遣うこともなく、最初から全速でたのしい授業に取り組むことができます。授業がたのしければ、子どもも喜んでくれます。一年生から六年生まで同じ子どもたちと過ごすことができたらなぁ、と夢想したものです。

ただし、これが留意点なのですが、百パーセントはありません。すべての子どもがこちらを気に入ってくれるとは限らないのです。おとな社会ですべての人とうまが合うということはまずありませんが、ことは子どもにおいても然りです。四十人もいれば、なんとなく合わない子どもが一人二人いてもおかしなことではありません。「すべての子どもを」などというのは、かけ声としては意味があるけれど、実現できると考えるのは教師の思い上がりもいいところです。現実的に大事なのは「この子とはいまひとつ……」と感じた子どもに、むこうも同じように思っているでしょうから、「まあ仕方ない。少し我慢すれば、やっていけるな」と思ってもらえるようにすることではないかと、ぼくは考えています。

確かに「誰とでもなかよく」は理想です。もちろん、それを目指さなければなりません。しかし、現実の問題としては、合わないと感じることはあるのです。そのとき、合わない相手をおかしいと切って棄てることは論外ですが、合わないのに何とか合うようにしようとすることも、理想で現実を切ってしまうわけで、無理を生じさせるだけです。しんどい思いがいびつな関係をつくりかねません。合わないのは合わないで、仕方のないことではないでしょうか。そう考えると同時に、合わないままでいいから諍いを起こさないようにつきあう、そういうつきあい方をすればいいのだと思います。かかわり方を学ばねばなりません。子どもに関して言えば、教えなければなりません。「みんななかよく」を繰り返すより、「苦手もいる。いてあたりまえ。平和なつきあいを考える」という方が、一人ひとりを大事にすることに、つまり相手の主体性を認めることになるはずです。無理やりなかよくするのは、相手もしくは自分を強制的に従わせるわけで、逆に主体性を無視しているように思います。合わない子どもには「まあ仕方がない。こういうこともある」と思ってもらえれば、十分です。

もっとも、「苦手がいてあたりまえ」を逃げ口上にしてはいけません。苦手な子にもたのしさを感じてもらえるように、工夫を凝らすことは絶対に必要です。それは教師の仕事です。苦手な子どもをもう一度眺めてみましょう。苦手な点が目立つなかに「おや、こんなところが」という点が見つかるはずです。見つけるためには、以前に話したことだけれど、たのしい状況に置くこと、別の角度から眺めて見ること、「ものさし」をたくさん用意することです。すてきな点が見つかれば、存外合う子だったということはあり得る話です。そこまでいかなかったとしても、いいところを見つけるということは、子どもを認めたということになるから、わるくない関係にはなれると思います。

最後に数字を挙げます。教師は「すべて」を目指すけれど、現実問題として、ふつうの教師には無理な話です。「だから、八割できれば成功と見なしてよい」という考え方がありますが、それに賛成したいと思います。いろいろな人間がいるのですから、合わない者がいるのはあたりまえで、「全員」などと声高に言うのは強制的でよくないような気がします。八割（ときによって九割になったり七割になったりすることもありますが）を目指しましょう。ただし、残り二割とまずい関係にはならないように気をつけること。判断の基準は八割ぐらいでちょうどいいのではないでしょうか。

話変わって、式の挨拶、がんばります。舞台の上の役者だと思って、役者は演じればいいのだから、いろいろ言われるのは役の人物についてであって、ぼく自身についてではないから……とは言っても、下手に演じれば「へたくそ」と罵られるのは演じたぼくだし、上手く演じれば実際も役と同じような人物だと思われてしまうし……笑ってるでしょ。Aであり、でもまた同時に非Aであり、循環しています。ここで一歩を踏み出すのが、覚悟。自信はないけど、「えい、こっち」と賭けるのが覚悟。よし、がんばるぞ。

十五年七月二十九日付（七月二十五日受）

結婚式（十五年八月八日）での先生の挨拶を載せておきます。先生は、仮説実験授業風の「授業」をされました。問題に選択肢があったために手を挙げやすかったせいか、出席者全員が真剣に「聴講」していました。実験をして結果がわかったときには、歓声が上がったほどです。特に小学生の甥と姪には大うけでした。握らせてもらった試験管の冷たさにびっくりし、大きくなった炎に目を丸くしていました。

☆　☆　☆

私は、小学校の教師をしております。新婦の知人ということでお招きいただいたのですが、きっかけは新婦、あかりさんがぼくの職場に教育実習に来られたことでした。実習は出身校で受けることがほとんどです。でも、ぼくの勤めていた学校は彼女の出身校ではありません。それがどういうわけで引き受けることになったかというと、彼女の実習の希望を出身校が断ったからです。理由は「区内の学校発表を控えていて忙しい」ということだったそうです。見栄えを競うより、目の前の教師になろうとしている人に力を貸す方が先だろうとは思うのですが、そのおかげであかりさんはぼくの学校に来ることになったわけです。知らない学校で実習をするというのは、気を遣わなければならないことも多かったでしょう。けれどもそのかわりに、彼女は仮説実験授業を知ることになりました。

仮説実験授業というのは、ひとつの授業方法、ひいては教育に関する思想で、ぼくはこれほど実際の教育に益するものの考え方はないと思っているのですが……ややこしい話をするかわりに、いまからその一端をお見せしようと思います。つまり、みなさんを生徒に、いまから授業を始めます。「ブタンガス」という授業です。

問題1　ライター用のガスの詰め替え容器の中に、ブタンガスが入っています。このブタンガスの液体を試験管の中に入れ、ガラス管を通したゴム栓で図のように試験管の先を止めることにします。次に、マッチに火をつけ、そのマッチの火をガラス管の先に近づけていきます。すると、どんなことが起こるでしょうか。みんなの予想を出し合ってから、実験してみましょう。

予想

ア．何も起こらない

イ．ガラス管の先に火がつく

ウ．バーンと爆発する

エ．マッチの火が消える

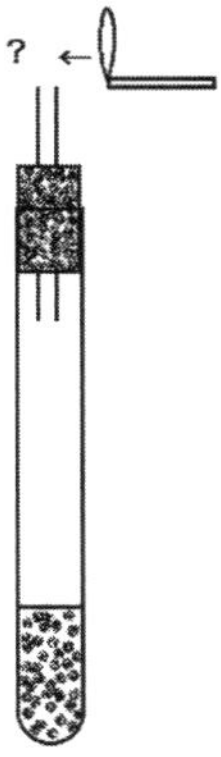

問題2　今度は、先ほど実験した試験管の下の部分を強く握ることにします。そうすると、ガラス管の先についている火はどうなると思いますか（問題の意味がわかったら、試験管の火はいったん消してから予想を立てるようにしましょう）。どうしてそう思いますか。みんなの予想を出し合ってから、実験してみましょう。

予想

ア．火は消える

イ．火は大きくなっていく

ウ．今度こそ爆発する

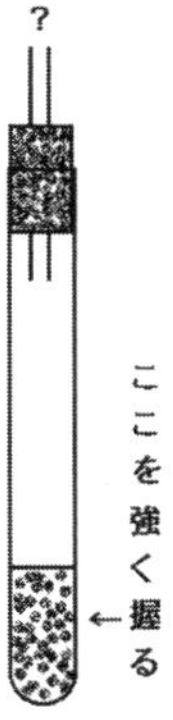

あかりさんは、この仮説実験授業を自分でも行っています。子どもの評判は上々だそうです。先生はたのしい授業をしてくれる、ということで、子どもたちの信頼を得ているようです。もっとも、その信頼の基に、仮説実験授業以前に、子どもたちに対するあかりさんの思いがあることは言うまでもありません。実習のときのことですが、お別れの日に、子ども一人ひとりに贈るカードを彼女は徹夜で仕上げてきました。ぼくのクラスの子どもたちだけではありません。学年全体、百二人の子どもに贈るカードです。

彼女は出身校に断られたのに、いや、断られたから、仮説実験授業に出会うことができました。断られるというのは、いわば転んだようなものですが、転んだからこそ、ふつうに歩いていれば見過ごしたかもしれない足下の花に気づいたということです。転ぶことは単純にマイナスであるのではなく、転んだからこそうまくいくということもあるのです。これから、新郎新婦もいろんな形で転ぶことがあるかと思いますが、「転んでもしめた！」です。転んで見えた景色は新たな発見です。それを生かして、人生を送っていっていただけたらと思います。お二人の今後の幸いを祈ります。どうぞお幸せに。

☆　☆　☆

「ブタンガスの授業」は、音田輝元氏（小学校教諭）作成の授業プラン「ブタンガスで楽しもう」を実施したものです。詳しくは『たのしい授業』通算一八〇号をご覧ください。

16　対抗する枠組みで考える

　新婚旅行のお土産をわざわざ送ってもらって、ありがとうございます。あなたの予想通り、正解は「おもしろがる」でした。理由も当たっています。確かにぼくは、変わったもの好き。これまでを振り返って見れば、その傾向ははっきり浮かび上がります（なかには「ただのへそまがり」と呼ぶ人もいますが）。南北「逆さ」の天文図というのは、北が上と覚えさせられてきた我々にとっては奇異なものに見えます。でも、南半球に行けば、天の南極が頭上にあって、星空はそれを中心に回転するのだから、南が上の方が自然ですね。北半球に文明が偏ったから「北が上」を基準に考えるようになってしまったけれど、北と南に絶対的な価値の違いがあるわけではないから、「南が上」を基準とする見方も同等に尊重されるべきでしょう。既成の捉え方にどっぷり浸かってしまっていることが、異なる視点として対等に見なければならない捉え方を奇異なもの、ひどいときには誤ったものとして見るようにしてしまっています。自身の捉え方を絶対視しないこと、他の捉え方も同等の値打ちを持って在ることを意識していないといけません。

　お土産にただ感謝の言葉を述べればいいものを、また理屈を持ち出す。ぼくらしいと言えばぼくらしいので、このこともあなたはたぶん予想していたでしょう。では、もうひとつ、話を聞いてください。「捉え方」を「枠組み」と置き換えてみましょう。すると、枠組みが異なれば、見え方も違ってくるということになります。支配的な枠組みではマイナスの評価をされる子どもも、別の枠組みからすればプラスということがあるのです。思っている以上によくあります。子どもの立体像を得るためには、多面的に子どもを見なければなりません。そのとき、支配的な枠組みに無反省に依るのでは、どう工夫しても一面的な見方しかできず、平面像しか得られないでしょう。異なる枠組みを意図的に持ち出して、それに依れば子どもがどんな意味―価値を有しているのか、見てみる必要があります。支配的な枠組みで無反省に見ていることに反省をもたらし、複数の枠組みの必要性を言うためには、違った枠組みの方を強調した方がいいかもしれません。学校で支配的な枠組みと言えば、何かの目的のためにする〈仕事〉になるでしょうから、それに対抗するには、自体が目的である〈遊び〉を持ち出したいです。以前の手紙でも言いましたが、ここでまた繰り返します。教育は遊びです。何かのために学ぶという見方の他に、学ぶこと自体をたのしむという見方を意識していきたいです。

天文図は教室に張りました。子どもたちは首を傾げて、ときには天橋立の股覗きのようにして見ています。そうやってようやく星座の名前を理解しています。ふだん「北が上」を基準にしていますから、「逆さ」の形の星座はわかりにくいのです。「わかりにくいからだめ」というのではなく、「こんな見方、見え方もあるのだ」と気づいてくれればと思っています。

追伸：写真を同封しています。アテナの盾に取り付けられたメドゥサの首です。知らない人は「えっ」と思うかもしれないけれど、わかる人にはわかりますよね。顔を見た者すべてが恐怖のあまり石に変わってしまうという首です。魔除けに使ってください。禍々しいものにはこれを向けるのです。

ぼくの挨拶は、なんとか務めを果たすことができたでしょうか。ブタンガスの炎が大きくなったとき、新郎の甥御さんが「うぉー」と声をあげてくれたので、まずはうまくいったかと内心ほっとしていたのですが。すてきな式でした。あらためて、おめでとう。

十五年九月五日付（八月二十四日受）

メドゥサは、ギリシア神話に出てくる怪物で、ゴルゴンと呼ばれる三人姉妹の三女です。醜怪な顔をしており、髪の毛は蛇、歯は猪の牙のようで、背中には大きな翼を持っていました。ただ、不死ではなかったために、ゼウスの子ペルセウスによって倒されました。首を切り落とされたとき、ほとばしる血の中から、翼を持つ馬ペガソスと黄金の剣を持つクリュサオルが生まれたそうです。メドゥサの首はアテナ女神の盾の飾りとなりました。

第二部

死と生――ニヒリズムを超えて

（十二月二十六日受）

第二部　死と生 ― ニヒリズムを超えて

17　陰画《ネガ》は陽画《ポジ》に反転する

年末に便りをもらったのに、年度末にももらったのに、いまごろ合わせて返信することになってしまいました。ふだんの年以上に年賀状を書くのが遅れてしまい、年が明けて時間のできたところであなたに返事を書こうと思っていたら、始業式そうそう或る事件があり、そこから気持ちが内に向かってばかりいたのです。しばらくの間は筆を執る余裕がないほど、考えは捻れ縺《もつ》れるばかりでした。ようやく昨日、少しばかり思い浮かんだことがあって、まとめきれないかもしれないけれど、なんとか文章にすることができるのではないかというところまで漕ぎ着けました。その内容はあなたの手紙に応じるものではないのですが、考えの行き着いたところまで話せば、気持ちが落ち着くような気がします。自分勝手で申し訳ありませんが、今回は、ただ聞いてください。

或る事件というのは、クラスの子（「Aさん」としておきます）のお母さんが亡くなられたことです。それだけなら、悲しい出来事ではありますが、足下から揺さぶられるような気持ちになることはなかったと思います。お母さんは、自ら死を選んだのです。十月半ばに転校してきた子どもなので、お母さんとは学期末の個人懇談で一度お会いしただけでした。看護師をされていて、勤めの関係で予定時刻より遅い懇談になりましたが、遅れるという連絡はきちんとあったし、「母一人子一人で、手が回らないところはあるけれど、親子とも頑張っています」と明るくお話しされていました。ぼくの方は、「おとなしめのお子さんなので転校してきた当初は戸惑っていたようですが、二月経って、よく喋ったりいっしょに帰ったりする友だちも何人かでき、元気にしています」と伝えました。お母さんに、追い詰められているような雰囲気は、まったく感じませんでした。

亡くなったのは、三学期の始業式の二日後のことでした。授業をしていると、教頭がやってきてぼくを教室の外に呼び出し、Aさんをすぐ家に帰すように小声で告げたのです。お母さんが亡くなった、首をつったらしいとの話でした。他の子に悟られないよう気をつけてAさんを帰し、授業に戻ったものの、頭の中にはとんでもない情景が浮かんでいました。

自殺なんて……早くにお母さんやお父さんを亡くした子はいるけれど、首をくくって自ら命を絶つなんて……亡くなったのは深夜か早朝だという。でも、Aさんは登校してきていた。夜勤もあるだろうから、朝出るときにお母さんはまだ寝ているということもあっただろう。だから、気づかずに、いつも通り一人で食事をとって出てきたのかもしれない。だけど、お母さんが昼の勤務の日だったとしたら、朝はいっしょに食べる習慣があったとしたら、あの子は、お母さんが起きてこないなと思って、お母さんの様子を見に行ったかもしれない……なのに、登校してきたのか……。

Ａさんはその後一日も登校することなく、おばあさんに引き取られて、すぐに転校していきました（後で、こちらに引っ越してきたのは、おばあさんのところでいろいろあったからだと聞きましたが）。お通夜の日、おばあさんらしき人の隣に座っている姿を見たのが最後です。友だちの姿を見つけたのか、小さく手を振っていました。その後三学期の間、ぼくはふだん通り子どもたちと授業をし、遊んではいましたが、憂鬱《ゆううつ》な気分が抜けることはありませんでした。ときおり「先生、しんどいの」と訊いてきた子がいましたから、もちろん否定しましたが、表情には出ていたのかもしれません。

お母さんが死に至った経過はわかりません。家族にどのような出来事があったのか、聞けるはずもありません。Ａさんの心の動きはどうだったのか、見えてはいません。仮に細かい事情を知っていたとしても、どうこう語れる立場には立てません。一般的に語るにしても、人の心は複雑です。一義的に原因を特定することなどできません。そもそも個々別々の死を前にして、一般論が何になるというのでしょう。

それでも敢えて、人はなぜ自ら死を選ぶことがあるのか、考えました。Ａさんのお母さんの死そのものについてわかるわけではないけれど、考えざるを得ませんでした。あの子の、年末ようやく目にすることが多くなってきていた、まだ緊張感は残っているけれど安心したような笑顔。そして、年明けの教室で家に帰るよう告げたときから通夜まで続いていた無表情。両者が交互に浮かんできては、消えないのです。どんな地点でもいいから依って立つ場所を早く見つけなければ、ぼく自身が鬱の渦巻きに吸い込まれてしまいそうでした。

　自ら死を選ぶ人は、意味を確定させる枠組みを失ったときに一歩を踏み出してしまうように思います。自死する人のなかにも、死に意味を見いだす人はいます。家族や子ども、知人といった誰かのためから、主義・思想といった何かのためまで、「○○を生かすために」という意味を自分の死に与えて心を静め、死を選ぶことがあります。また、古代から現代に至るまで、宗教的弾圧や紛争においては、殉教者は「死ねば天国に行ける」ということで、進んで死のうとすることがあります。ただ、これらの人たちの自死は、言い方はよくないと思いますが、「積極的な自死」です。死ぬことに確かな価値を見いだしているからです。一方、その他の大多数の自死に「積極性」は感じません。無明のうちに悩み苦しみ死んでいくような気がします。「一切に意味は無い。自己もまた然り」――彼らは意味自体を見いだすことができなくなりました。無（意味）の病に襲われたのです。無に触れ、包まれ、存在を無くすしかなくなったのです。

　無の病に襲われるのは、自覚的であるときです。自身の存在理由を問うた場合、意味は枠組みに依って決まりますから、枠組みに対して疑いを持たないときは、容易に意味を見つけることができます。枠組み ― 基準に照らし合わせて、安心して在ることができます。しかし、それだけでは自覚として不十分です。果たしてその枠組みは基準たりうるのか。基準自体を疑ってみなければならないのではないか。誠実に自覚を進める人は、枠組み自体を対象化し問題とすることでしょう。そうなれば、枠組みの疑わしさが顕わになってきます。人がつくる枠組みに完全なものなどないからです。枠組み自体が絶対のものではなく、複数ある枠組みの一つに過ぎないと感じるようになります。何ものをも絶対の基準とはしない相対視の始まりです。こうなると、絶対的な意味を確定することができなくなります。比較においては語れるかもしれないけれど、確たる足場からは語れないということです。宙に浮いたなかで真っ直ぐに立とうとするようなものです。絶対の基盤を失い、どこにも足を下ろせない感覚はやがて意味自体を空しいものと感じさせるようになるでしょう。自覚をつきつめていくと必然的に、人はニヒリズムに陥るのです。自分の立ち位置を絶対のものとせず、適当なところでごまかさず、とことん問うていく誠実さは、人をニヒリズムへと駆り立てもするのです。

無を感じたとき、ふと見ると、漆黒の深淵が足下に口を開いています。崖の上から淵をのぞき込むのではなく、淵の上にピンと張られた綱の上に立っている感覚です。少しでも体勢を崩せば即、奈落へと落ちていきます。深淵は、常時開いている人もいれば、或る瞬間突然に開く人もいるでしょう。いずれにせよ、無に見込まれた人は、底知れない淵の上で綱渡りを始めなければなりません。

ニーチェは人間の生の段階を駱駝、獅子、子どもで表しました。それを借りるならば、「駱駝」とは或る枠組みの中で生きている人です。枠組みを意識してはいないが、全幅の信頼を置いている。枠組みの指し示す通りに行動し、まだ私という意識は生まれていない。彼はたくさんの荷を一つの大きな袋に詰め、背負った駱駝である。黙々と道を行くが、やがてその道に、袋に入らない荷が転がっていることに気づく。また、当然のことながら袋の中で、詰め込まれた荷どうしがこすれ、ぶつかり、傷み始める。彼は袋というもの＝枠組みを意識するようになると同時に、意識している私というものに気づく。私 ― 意識が発生したのだ。同時に、この袋でだいじょうぶなのかと、枠組みへの不信・不安が頭をもたげてくる。

この時点で、なかには、不信を打ち消し、枠組みへの信頼を絶対化してしまう者が現れる。袋に収められない路上の荷は、なかったものと見なすのだ（傍からすれば、彼は盲信者にしか見えないけれど）。また、自分と同じ袋を負っている者が多いとわかると、数に頼んで特定の枠組みを絶対視する者たちが現れるかもしれない（結局「みんなそうだから」と言っているだけ）。

しかし、「獅子」に変化する人もいます。それまで自分と一体であった（正確にはそこから自分が生まれた）枠組みは不確かなものであった。ならば、新しい枠組みがあったところで、しょせんは枠組みなのだから、どうして不確かでないなどということが言えよう。枠組みはどのようなものであれ、不確かなのだ。確かさを求める誠実さが強ければ強いほど、彼は枠組みというものを退ける。彼は確かそうな顔をするものに吠えたてる獅子となる。負っていた袋を暴き、棄てていく。けれども、袋がなければ、荷は詰められない。枠組みがなければ、意味は生じないのだ。枠組みを拒む彼を無（意味）が包む。そのとき、誠実さは自己自身へと向かう。疑い回っている私とは何なのだ。大きな声で吠えたとしても、私は荷物を背負えないではないか。私自身が不確かなもの、無意味な存在ではないか。

その問いを担いきれなくなったとき、獅子は我が身に牙をたてる。私―意識を人は棄てようとすることがある。自ら命を絶つのだ。あるいは、ただの反応機械と化すことによって、私―意識を棄てるかもしれない。人としての姿はとっていても、化学反応の総体でしかなくなる。獅子の意識は死を迎える。

ここまで考えてきたとき、或る思いが浮かんできました。なぜ人は自ら命を絶ってはいけないのだろう。個人の主体性が尊重されるべきものであるなら、自ら下した決断を他の者がどうこう言えるものではないはずです。にもかかわらず、自死をあってはならないことと禁止するのはなぜなのでしょう。

「自死の決断は決して主体的なものではない。貧困や裏切りなど、社会的要因や人間関係が自死に至らしめている。まず大事なのは追い込まれるような状況をつくらないことだ」という意見があります。もっともな考え方だと思います。背負わされた重い負担によって押し潰されてしまうということは確かに起こり得ることでしょう。

でも、そのとき、結果をもたらすのは状況がすべてとされ、本人の意志は問題にされていないのではないでしょうか。実際には、同じように苦しい環境に置かれながら、辛さは薄れていくわけでもないのに、生き抜いていく人もおおぜいいます。死ぬも生きるも、最後は主体的な決断に依っているのだと言えます。ならば、個人の意志を尊重すべきではないでしょうか。

「残されることになる周囲の者の思いを想像してみろ」という意見もあります。身近な人が自ら命を絶ってしまったとき、その周りの者は深い悲しみと悔いに包まれます。「あのときあんなことを言ってしまったから……追い込んだのは私ではないか」「こんなに苦しい思いをしていたなんて……どうして私は気づいてやれなかったのだ」……事故や病で失うことさえ辛いのに、自死に対しては罪悪感や悔悟が伴います。ぼくも、周りの人に決して死を選んでほしくはありません。様子がおかしいと気づいたときは、なんとしてでも止めようとするでしょう。

だけど、人を悲しませるから、苦しめるから、自分で死んではいけないというのは、当人の思いをどこか軽く見ているような気がします。周囲の思いがわかっていても死にたい、あるいは周囲が目に入らないほど死にたくなるのです。周りの人たちの言動はそういう思いを止める働きを持っているとは思いますが、決定打になるとは思えません。それぐらいの強い決断を当人は下しているのです。

「生と死は神が決めることである。人が判断することではない。いま、ここに生きているのは、神がそう望んでいるからだ。その生を自ら断ち切ることは神の意に反する。だから自らに手を下してはならない」と、宗教者なら神を持ち出すことでしょう。自殺を神に背く行為として罪だと考えるのです。

しかし、その同じ宗教が、敵と戦うためならほぼ自殺に等しい殉教を認めます。「悪を倒すのは神の意志である。それに従っているから、これは罪ではない。賞賛されるべき行為である」とするのです（ここでぼくが思い浮かべているのは「教団宗教」です。教団になってからの公式見解と始祖の説教とでは異なる教えのように思えることがあります）。つまるところは、すべて神の意志です。けれども、これほど恣意的なものはありません。人が神の意志を語るとき、実は語っている人の意志に過ぎないということはありそうな話です（教団が自殺を禁じるのは信者の数を減らさないためという皮肉な見方もあるそうです。異教徒に対しては、死んだところで教団の信者数が減るわけではないから、どうなったってかまわないということになります。教団宗教とは何と偏狭なものなのでしょう）。

自死もまたひとつの選択肢であるように思えてなりません。悪条件が重なったとしても、最終的には本人が決めたことなのですから。否定的に捉えることではない、また周りが罪悪感を持ったり非難したりするものでもない、と思います。ただし、絶対に選んでほしくない道ではあります。どうか自死はしないでほしいと、願い、祈ることしかできないけれど。

神を持ち出すと、話がどうにもうさんくさくなります。そもそも同じ神を信じていない人や、神の存在そのものを信じない人には通じません。それでもあえて「神」を使って、自死を巡る人と神の関係を考えてみたいと思います。ただし、論理的な語り口でも情に訴える言い方でもない、あれこれ想像した、ぼくの妄想です。

神、と言っても、絵画や彫刻のような人間の姿を思い浮かべないでください。人格を持った神ではありません。我々の想像する極限のもうひとつ向こうの、人力の及ぶところでない極限の広がり、時間はもちろんですが空間さえもない〈広がり〉、この矛盾した心象がぼくの神のイメージです。神は一切、すべてであります。ところが或る瞬間（時がないのに「瞬間」というのもおかしな話ですが）、神はすべてを識りたくなりました ――「わたしは何であるか」。神といえども、すべてでは在っても、すべてを識っていたわけではないのです。しかしほぼ同時に、ひとつの疑いが生まれました ――「それに意味はあるのか」。すべてを識ろうとすることが既にすべてであるものにとって意味を持つのでしょうか。神の思いと疑いは衝突し、同等の強さであったにもかかわらず、たまたま（神にとっても偶然はあるのです）自己認識への思いが自己懐疑の念を上回りました。それ以降神は、自ら自身を識ろうとしたのです。ただ、自ら直接にではなく、創ったものに依って、それを通して間接的に。

やがて生命が生まれました。直にではないけれど、神が創ったものです。自らは動かず、創ったものに作らせようというわけです。神はただ観て識ろうとするだけです。創ったものに働きかけはしません。創られた生命は創られた生命で生きていきます。その生は、神の力に依るものではありません。

このことは、人が生まれてからも同じです。神はただ観ています。決して人に応じはしません。神がいるのにどうして悪が生まれるのかと悩む人がいますが、神に善とか悪といった基準はありません。善悪はあくまで人の、それも個々の集団・人ごとの基準です。人間界に善が栄えようが悪がはびころうが、神は観ているだけです。また、神に願いをかける人がいますが、それを神が聞き入れるようなことはありません。願いを叶えてもらったように見えても、時間の前後関係でそう思えるだけで、神とは無関係です。人の呼びかけに応えるようなら、応えないときは人に恨まれ無視されることもあり得ますから、それでは人以下の存在ということになってしまい、もはや神ではありません。人を超えているということは、人に応えないということです。

人の人たる所以は自覚にあります。人は神の自覚機能、神の自意識（私とは何であるか）だと言ってもいいでしょう。自覚するという点で、人は神の似姿です。より識るためには、自覚する生物がいた方がいいということなのかもしれません。つまり、人は神の自己認識の手段です。神にとっては道具に過ぎません。にもかかわらず、その道具に自らと同じ自覚――意識を与えた形になりました。これは危険なことでもあります。自己認識には自己懐疑が伴うからです。自己懐疑は存在自体を滅ぼしかねません。道具が自らの存在を自ら消去してしまうのです。道具の持ち主から見れば、困った問題です。神ですらかろうじて自己認識がまさっただけなのに、人類の歴史を見れば、自らを滅ぼすような行為は枚挙に暇がありません。戦争は人類レベルでは自殺行為です。自らを滅ぼすことも神のすべての一部なのかもしれませんが、人が自覚を持たない生物ならば、もっと多くのことを為し、もっと多くのことを神は識り得たかもしれません。

自覚は自己決定、自身の在り方を自身で決めることにつながります。自覚がなければ、すべては神の意志のままだと言えるでしょう。しかし、人は自覚します。神を意識します。神の意志なのか己の意志なのか、悩みもします。挙げ句に神の意志を無視して、自己の存在を消してしまうことさえします。これは、人を通して自分を識りたい神にとって不都合なはずです。なのに神はなぜ、識り得る可能性をなくしてしまうような自覚の働きを人に与えたのでしょうか。確かに、直接与えたのではありません。創られたものの自己発展として人に自覚が現れたのでしょう。しかし、少なくとも、危険である自覚を人が持つことを阻止するために神は介入してきはしませんでした。

神が人に自覚を許した、与えた理由はわかりません。しかし、ここに、ぼくは神の愛を見るのです。自分の思いはある。相手がそれを叶えることを願っている。しかし、可能であるにもかかわらず、相手を操作しようとはしない。それどころか、どうするのかという決定は相手に任せる。すべてを委ね、ただ観ている――これが神の愛だと思うのです。人が死を選べば、識りたいという意志を裏切られることになる。死なさない方がいい。そのためには自覚を持たせない方がいい。にもかかわらず、自覚を持たせた――その底には、何があろうと絶対に肯定する全幅の信頼があると思うのです。

言い方がおかしいかもしれませんが、神の人への愛は一方通行です。ただ観ているだけ。人の願いに応えはしないけれど、人に見返りを求めることもありません。だから、人が自らの生を絶ったとしても、その人は神の愛のうちにあります。周りの人たちにとっては悲しく辛い出来事であったとしても、決して神に背くと非難されるような行為ではありません。

けれどもぼくは、神の愛には応えるべきだ、応えたいと思います。応えたところで、応えてはくれません。でも、それが何だと言うのでしょう。神は人に、いわば「自死の権利」を与えてくれました。これは神を否定する権利でもありますが、そこまで人に任せてくれたのです。だからぼくは、自死の権利を使わないと決めました、神が観ているだけで、何ら応じてくれないとしても。これがぼくの考える神への愛です。

人はもう神に贈られたことを忘れています。神も人に贈ったことを忘れています。でも、贈与はなされたのです。ぼくたちは意識はせずとも、神の愛に包まれているのです。自ら死を選ぶ人は、友の裏切り、恋人との別れ、家族を亡くす、世間との断絶……他の人とのつながりを感じられなくなったとき、決意するといいます。しかし、たとえ人との絆を失ったとしても、人は神の愛に包まれているのです。それははっきり見えるもの、感じられるものではないでしょう。確かに神は何もしてくれませんし、何も応えてくれません。でも、視線を逸らすことなくずっと観ています。まちがいなく神は人を愛しているのです。だから人はそこに、そのまま在ってよいのです。

観ているだけで応じない神の視線を、「何もしてくれない」「放ったらかし」と嘆き恨む人もいるでしょう。でも、「いつでもどこでも見ていてくれる」眼差しであるからこそ観続けているのです。そのことに気づいて、神の愛に応えようと決意してほしい、とぼくは思っています。

話を元に戻しましょう。駱駝、そして獅子の後に迎えるのは、子どもの段階です。遊ぶ子どもです。獅子が破壊し尽くした「ものごとの廃墟」に子どもは現れ、遊ぶのです。意味を与える枠組みはすべて破壊され、ものごとは剝き出しのまま転がっています。無（意味）がすべてを支配しています。でも、「何も（意味が）ない」ということは、「何でもあり」だということです。つまり、**陰画《ネガ》は陽画《ポジ》に反転できる**のです。新たな意味を与える新たな枠組みをつくればいいのです。既成の枠組みはなくなっていますから、どんな枠組みでも自由につくることができます。しかも、枠組みが絶対でないことは既に識っていますから、新しい枠組みをつくったとしても、それに固執するようなことにはなりません。一つの枠組みがまずいとなれば、それを壊して、さらに新しい枠組みをつくるでしょう。その破壊と創造が「自分の勝手」であることもわきまえています。つくる者として絶対者であるかのようにふるまうけれど、自身を絶対視することはなく、また壊す。壊してはつくり、また壊してはつくり、それをたのしんでいる……これは子どもの遊びです。

より正しい枠組みを求めようというような姿勢ではなく、複数の枠組みを、どれかにとらわれることなく股にかける構え、枠組みを自在に移動する境地です。「境地」と言ってしまうと、固定した構えのようになってしまいますから、たどり着いた境地にすらとらわれません。乗り超えることさえ乗り超えるのです。並立しているものが矛盾していようと、それをこちら、あちらと飛び回ります。ひとつの在り方をし、それを自身で嗤うことができ、また別の在り方にひょいと移り変わることができるのです。遊ぶことこそがニヒリズムの超克につながります。

ただし、陽画《ポジ》が陰画《ネガ》に転じる場合も考えられます。大いにあり得ることです。陽画と陰画は表裏一体、どちらが現れてもおかしくありません。ただ、いまは、陽画に代わることを信じたい。物質と反物質が同数あったはずなのに、どういうわけか、物質だけで宇宙は構成されました。「どういうわけか」を、ぼくは肯定します。

……ここまでが、この三カ月考えてきたことのまとめです。文章にすることで少しは目に見える形、自分自身を落ち着かせる形になったかと思っています。長い文章の読み役にさせてしまって、申し訳ありません。つきあってくれて、どうもありがとう。

形として手に触れることはできるようになってきたとは思うものの、今回の出来事そのものについて説明はできないし、解決もできません。あくまで「〇〇というもの」について思いを巡らしてきただけです。現実の場面で何もできない無力を感じています。それに、思いにしたって、一応まとまったように見えたとしても、しょせんは頭の中の話に留まり、その思いを生きられるかどうかはまだまだこれからの話です。

Aさんには、この後、手紙を書こうと思っています。よけいなことは書かずに、新しい学校ですてきな友だちがたくさんできるよう祈っていますとだけ書くつもりです。いまを乗り超えられるような、すてきな言葉があれば、言ってやりたいです。あなたを励ましてくれた言葉があれば、教えてください。

十六年三月三十日付（三月二十七日受）

18　異物を慈しむ　何もしないけれど見ている

まずは、祝福から。それは、すてきなことです。おめでとう。いまのぼくには、暗がりの中に明かりが灯るような出来事です。

妊娠するということは、母体の生命にかかわることです。母親と胎児の血液型が異なることはふつうにあることですが、その組み合わせによっては、ご存じのように、混ざると血液が固まってしまう場合があります。胎児は母体にとって、その生命を危うくしかねない〈異物〉なのです。にもかかわらず、そんな異物を母親はその身体に宿し、育み、慈しむのです。胎盤というのは、自身とは異なる存在さえも、自身の、人類の、いや生命の歴史を託して生かしていこうという、すばらしい仕組みです。身籠もった女性はまさに身をもって生命の歩みを識ることができるのです。

子を孕むということは、生物学レベルで考えれば種の保存のため、遺伝子レベルで見ればその存続のためかもしれませんが、生きるとは物語を持つことでもありますから、ぼくはもっと意味があると考えたい。あなたの身体の中で異なる生命が既に息づいているのです。そして、あなたはその生命を育み慈しんでこの世に迎えようとしているのです。こんな、すてきな話は他にありません。

次は、お礼です。どうぞ、ふだん以上に体に気をつけて、無事出産の日を迎えられますように。Aさんに何を語ればいいか考えてくれて、ありがとう。心から感謝します。見ているよという気持ちが伝わる手紙になるよう、書いてみます。

身を切る思いをした人に対しては、悪気はないにしても、使い古した慰めや励ましは何の力にもなりません。かえって、怒りや気鬱を相手に生じさせるかもしれません。しかし、そういう事態を避けるためかかわらないでおくというのも、当人に、自分は人とのつながりが切れてしまっているのだという思いを持たせてしまう可能性があります。あなたの言う通り、「見ているよ」ということを感じさせつつ、特に変わったことをしないというのが、いちばんいいのではないかと思いました。ただ、心構えとしては正しいと思うけれど、具体的にどう行動すればいいのかということになると、簡単に事は運びません。相手の人とのそれまでの関係で決まってくるのでしょうが、実際のかかわり方を考え、それを実行に移すのはたいへんな仕事です。でも、気軽にできることではないと思いながら、それでも何かできることはないかと思って見ていてくれる人の存在しか、沈み込んでいる人の浮き袋にはならないでしょう。とりあえず、この前話したように、よけいなことは書かずに手紙を出してみます。「見ていてくれる人がいる」と思ってもらえる手紙になればいいのですが。

最後に、自分の話をします。今年は、あなたと同じく、専科です。もちろん理科の専科です。希望は持ち上がりだったのですが（ぼくの感触では、子どもたちも望んでいてくれたようなのに）、校長の「今年の高学年には理科の得意な人がいない。理科をみてほしい。教師にも教えてほしい」という判断で決まってしまいました。「知ったことか。俺のせいではない」と苛ついたものの、ぼくが仮説実験授業をしていることを校長は知っていてそう言うのだから、子どもが喜ぶよう仮説実験授業をどんどんやってくれということなのだろうと理解することにしました。

とはいうものの、いまのクラスの子どもたちと離れるというのは寂しいです。仮説実験授業ばかり（ともいかないだろうけれど、たくさんはできる）というのは、確かにうれしいのですが、毎日同じ顔を見ることができないというのは……つまらない。「もう定年だし、最後は大好きな仮説実験授業ばかり、というのもいいか。担任ではないので子どもと長い時間いることはできない代わりに、多くの子どもたちに科学のたのしさを味わってもらうことができる」と、気持ちを切り換えるしかないですね。

追伸：「特に何もしない、でもずっと見ている」ということで、以前受け持ったことのある不登校の子ども、Bくんのことを思い出しました。彼は四年生の途中ぐらいから休みがちになって、五年生ではまったく登校しなくなり、六年生になってもずっと休んだままでした。ぼくが担任だったのは六年生のときです。

五年の担任は真面目な人で、家庭訪問や電話を重ねて「できるところまででいいから学校に来た方がいいよ」と伝えていたようですが、ぼくは「別に学校なんてどうでもいい。行く方がたのしいなら行けばいいし、たのしくなければ行かなくてもいい。自分の好きにすればいい」と思っているところがあるので、友だちに声をかけさせるなど、いわゆる「登校刺激」を意図的に与えることはしませんでした。

四月の家庭訪問期間のときも、お母さんに「一番の願いは学校へ来てくれることですが、もっと大事な根本の、ゼロ番の願いがありまして、それは、学校であろうが家であろうが、Bくんが元気に過ごしていくことです」と伝えました。このとき彼は奥の部屋にいたので、聞こえるように、ちょっと大きめの声で話しました。そうそう、ぼくが着いたとき、彼は顔を合わさないよう奥に入ってしまったのですが、「こんにちは」にはちゃんと応えてくれました。帰り際の「さよなら」にもはっきり返事がありました。特に嫌がられているわけではないなと、安心したのを覚えています。

　それ以来、Bくんの家を訪れることはしませんでした。お母さんも「たびたび電話があるのはちょっと……」ということだったので、連絡帳だけということにしました。ただし、必要事項を伝えるだけというのではなく、その日の授業のことや出来事など、数行でいいから毎日書くようにしました。授業通信も出していたので、もちろんそれも添えて、クラスがどんな雰囲気なのかわかるようにしていました。くどいですが、「おいで」とは一回も書いていません。こんなことを勉強したとか、〇〇くんがこんなことをしておもしろかったとかいう文章ばかりです。

　ここでちょっと別の話になってしまうのですが、連絡帳をぼくが届けるというのでは、家庭訪問と同じになってしまいます。そこで、Bくんと同じマンションに住む同級生の男の子、Cくんに頼みました。そうすると、彼は嫌がる顔ひとつせず、毎日届けてくれたのです。帰り際、ぼくがバタバタしている日などは、彼の方から「連絡帳は？」と聞いてくれたこともあります。あたりまえのように、いや「ように」は要らない、あたりまえに彼は欠かさず連絡帳を届けてくれました。Bくんと学校を繋いでいることができたのは、Bくんに学校に対する否定的なイメージを抱かせなかったのは、連絡帳を毎日運んでくれたCくんのおかげです。

　話を元に戻して、結局、Bくんは一日も登校しませんでした。二学期途中に思いついて、実験が簡単にできる授業書を選んで仮説実験授業の「出前」（彼の家でぼくが授業をする）をしようかと提案したこともあったのですが、お母さんの方は乗り気だったものの、彼の考えは「しなくていい」ということだったので、「残念」ということになりました（このときも、しつこくは言っていません。彼の意志次第ということにしていました）。

ただ、三学期には、お母さんの話によれば、それまでは家を出ることがほとんどなくて、出るにしても級友に顔を合わせそうな時間帯は避けていたのに、卒業アルバム用の個人写真を撮るために写真館に赴くまでになっていました。卒業文集の作文も、家で書いて、出してくれました。

そうして迎えた卒業式。Bくんは……お休みだったのですが、式が終わったころ、卒業証書を受け取りに、お母さんといっしょに本人が来たのです。彼の姿を見つけた他の教師たちが彼を取り囲んで声をかけているのには「いきなり、仰々しくするな」と感じたので、間に割り込んでさらっと卒業証書を手渡しました。

最後に来ることができた、来てくれた、とうれしかったのですが、話はこの後まだ続きがあります。地元の中学校へ彼は、入学式から休まずに通うようになったのです。それどころか、柔道部に入り、三年生のときには主将として近畿大会に出場するくらい活躍したのです。

こう聞くと、二年間強の不登校はいったい何だったのだという感じがするかもしれません。でも、すべての場合がそうであるわけではないけれど、決して安易な一般化をしてはならないけれど、不登校の場合はしっかり休んだ方がいい場合も多いのではないかと思います。休んでいる間に、他の子どもと違うことをしているのですから、いろいろと考えざるを得ないわけで、だから、別に言語化して明らかにする必要はないのですが、考えが落ち着けば次の行動に移れるのではないでしょうか。おとなの側に必要なのは辛抱強く待つこと、待てることです。

その際、「待っているよ。見ているよ」と、決して孤立しているわけではない、つながりはちゃんとあるのだと、不登校の子どもに感じさせ続けることが求められます。期待は押しつけになるから、期待はしない。でも、いつでもあなたのことを思っているということは伝えていく……。

ぼくは、これからAさんのそばにいるわけではないし、かかわった期間は短いし、そもそも、辛い思いをしている人を支えきれる自信はないし……でも、送った手紙の言葉がどこかでほんの少し、あの子の力になればと思います。

十六年四月五日付（四月二二日受）

19　鷹の目で蟻の営みを眺める

今回のあなたの手紙に「専科は、子どもと直につきあう時間が少なくて、ものたりません」とあるのは、そうだろうなあと思います。子どもといっしょにいたいという思いが強く、なおかつ若くて体力もあるときは、専科というのは正直なところつまらないかもしれません。ぼくは四十代に入ったばかりのころにも、二年間専科をしたことがあるのですが、担任発表のとき「くそっ」と思わず机を叩いてしまったことを思い出しました（ずいぶん露骨な意思表明でした。転勤したところだったので、いっぺんに「こわい奴」というレッテルを貼られてしまいました。いまからすれば笑い話ですが）。

専科という役割に不満があるとはいえ、子どもたちにはたのしい授業を味わってもらいたいから、仮説実験授業の授業書をできる限りたくさんしました。座る姿勢とか、発言の仕方とか、いわゆる生活指導面でうるさく言わなかったこともあって、子どもたちは喜んでくれていたようです（担任が「きびしい」人だったので、よけいに）。だから、いやな二年間だったわけではないのですが、やっぱり寂しさは感じていました。

ただ、時間的な余裕があることは、助かりました。クラス担任をしていると、はっきり言ってどうでもいいような書類を作るのに時間をとられることが多いでしょう。「学年打ち合わせ」とかいうことで放課後がなくなってしまうこともよくあるし（ぼくが主任のときは、どうしても必要なときにするだけです。たいていのことは担任の判断でできますから）。逆に言えば、ごちゃごちゃした書類と会合を減らしたら、担任であってももっと子どもとゆったりつきあえるはずだと思うのですが。

この際だから、と言ってもあなたはこれから産休に入るのだから、しばらくはたっぷりあると思うけれど、時間的な余裕を子どもというものについて考えることに回したらどうでしょう。クラス担任をしていると、明日の授業をどうするか、目の前の子どもにどう向き合うかということに時間をとられ、子ども一般について考えることがほとんどないような状態になってしまいます。個別具体的にかかわることが教師の仕事なのだから、本来の仕事がしっかりできていればよさそうなものですが、「というもの」についての視点が欠けていると、おかしな方向に進んでしまうこともあると思うのです。

　確かに教師の仕事は、火曜日の三時間目の理科を教えること、目の前にいるヤマダタロウくんやタナカハナコさんにかかわることです。実際にどう教えればよいか、現実にどう言葉をかければよいかを考え、実行に移していかねばなりません。まずは、そのための知識・技術を身につける必要があります。我々は地に足つけて仕事をするのです。

　しかし、それだけだと道を誤ることがあります。アジア・太平洋戦争での敗戦前の教育を考えてみてください。教師は現場で子どもたちに対して一生懸命だったと思います。しかし、それは忠君愛国、国家のためには死なねばならないと教えていたのです。多くの教師にはそのことが見えていませんでした。国家権力による弾圧はあったのでしょう。でも、自分が何をしているかを見渡すことはほとんどなかったのではないかと思います。いま原理主義者の自爆テロに人は衝撃を受け、怒りを顕わにしますが、国のために死ねということは現在の原理主義者と同じ発想ではありませんか。

もっとひどい話が、やはり戦争をはさんで見られます。教師のなかに、戦前は「お国のために」で一生懸命だったのに、戦後になったとたん「民主主義だ」と頑張りだした人がかなりいたと聞きます。よくそんなことができるものだと思いますが、自分のしていることがどの方向に向かっているかはまったく見えない、気にしないで、目の前に与えられた仕事にのみ一生懸命になるという点では、中身が忠君愛国だろうが民主主義だろうが、変わりはないのです。こういう人は確かに真面目ではあるのだろうけれど、どの方向にも真面目だというのは、かえって不謹慎です。戦争を境にして教員が信用を失い、社会的地位を下げたのは、この「なんでも真面目」に一因があるのではないかとさえ思います。

自分がどの方向に進んでいるのか確かめるためには、自分のしていること全体を眺めてみること、いわば高みから見渡す作業が必要です。それは、目前の活動をさて置いて、一般的に考えること、つまり「というもの」について思いを巡らせることです。これは、経験を一般化することではありません。それだけだと、「こういうときは、こうするもの」に留まります。そうではなく、経験の底にある本質を取り出すように、「なぜそうするのか」、原理的に考えを進めるのです。もちろん、自分の経験に対する否定的な視線をも持って考えていかねばなりません。そうすれば、「というもの」の姿が浮かんできて、道を誤ったり、ふらついたりする心配は少なくなることでしょう。

ここまでをたとえて言うと、日々の、目の前の子どもを相手にする仕事は、蟻が地面を歩むようなものです。地面をしっかり足で捉えて進んでいかねばなりません。それが大事な仕事であるし、ほとんどみんな、きちんと仕事をしています。ところが、二次元平面に張り付いている悲しさ、一生懸命真っ直ぐ歩いているつもりなのに、実際には妙な方向に曲がっており、しかもそのことに気づいていないという事態が生じ得ます。そうならないようにするためには、ときおり飛び上がって、鷹の目で空から地上を眺めてみなければなりません。三次元方向から見下ろせば、自分の歩みが真っ直ぐなのか曲がっているのかを確かめることができます。水平面が日常の活動、垂直方向が活動に意味を見いだす方向だと言えます。飛び上がるためには、原理的思考こそが翼となります。

ただし、いつまでも空を飛んでいるわけにはいきません。先ほど言ったように、ぼくらの仕事は地面を実際に歩いていくことです。飛び上がった後には必ず下りてこなければなりません。そして、空の上で見つけた道を歩いていかねばなりません。「なぜ」教えるのかを自覚し、「何を」教えるのか自身で決めるのです。したがって、もちろん、責任を負わねばなりません。

ところが、なかには、ずっと飛んでいるように見える人たちもいます。彼らは理屈で考える仕事をする人、学者です。彼らにはぼくたちのしていることを見渡すことができます。学校教育のみならず、人間の営みとしての教育を眺めることができます。見たうえで、地上の人々に、道を誤らないための様々なものの見方を提供するのが彼らの仕事です。

ぼくたちが「というもの」について考えるとき、学者の知見は役に立つものとなります（ただ、ぼくたちの仕事を後から評することだけが仕事であるかのように錯覚している「教育学者」と称する人たちが多数います。彼らは新しい知見をもたらす人──ほんとうの意味の学者ではないので、その言説は注意して聞かねばなりません)。舞い上がる翼を手に入れるために、本を選んで、読みましょう。子どもとの関係や授業についての技術に関する本はふだんから必要に応じて目を通すことが多いと思います。けれど、ときには「子どもというもの」「教師というもの」「教育というもの」について原理的に考察された本を手に取るべきです。読んでいてつまらなければ、途中で放り出してかまいません。気に入る本が現れるまで、書店や図書館をあちらこちら探してみてください。重ねておせっかいをしますが、「子どもはすばらしい」「教育は絶対に善である」みたいな人倫原理に立って書かれた教育学の教科書はお勧めしません。暗黙の前提があって、それをひっくり返して考えることはしないというのは、学問ではありません。新たな視点を得られることは稀です。

書類作成や会合など、日常業務に追われるクラス担任では、飛び上がる時間をとることがなかなかできません。時間がないなか、それでも飛び上がらなければならないのだけれど、専科であるならば時間的に余裕を持って飛び上がることができます。あ……ちょっと待って。あなたはこれから産休に入るのでしたね。専科には時間があるというのは、四月に言わなければならないことでした。あっは、三カ月半の時間のずれ。笑ってください。笑って、たのしい産休生活を迎えてください。時間はいろいろつくれると思います。

追伸：夏休みはペルセウス座流星群の季節です。八月の半ばに極大期を迎えます。体調に気をつけなければならないときですが、順調であれば夜空を眺めてみてください。ぼくは十五年ほど前、友だちの家で獅子座流星群（これは十一月）を見たことがあります。ふだん見る流れ星はすっと流れるだけですが、このとき見たものはオリオン座を横切って一瞬爆発したかのように光を放ち、流れた跡が夜空にしばらく残っていました。余韻がいまでも続いています。

追々伸：Aさんへの手紙、次のように書いて送りました。意見をもらって書いたので、あなたにもお知らせしておいた方がいいだろうと同封しました。ほんの少しだけでも、彼女の支えとなればと思っています（子どもの名は記号に変えています）。

ひさしぶりです。元気にしていますか。
こちらの三年二組はそのまま四年二組になりました。みんな、四月から元気に登校しています。ただ、ひとつ残念《ざんねん》なことがあって、と言ってもぼくが残念なのですが、担任《たんにん》はぼくではありません。持ち上がりたいと強く希望《きぼう》したのだけれど、今年は五・六年の理科を教えて欲しいということで、外れてしまったのです。
新四年生の授業《じゅぎょう》を受け持つことはできません。でも、みんなはときどき理科室をのぞいていきます。この前は、女の子たちがこんな話をしてくれました……

Dさんは、あなたも覚えていると思いますが、「本番に強いDさん」と呼ばれていました。なぜそう言われていたかというと、あなたが転校してくる前の話で、水泳とか鉄棒《てつぼう》のテストをしたとき、彼女《かのじょ》は練習《れんしゅう》では成功したり失敗したりなのに、テストになるとみごとにできるということが多かったため、ぼくがそう呼び出したのが始まりです。これは、四年生になってもその通りらしく、四月そうそう担任の先生が、みんながどれくらいできるのか、テストのような感じでとび箱の六段をとばせたところ、Dさんは練習では五段までだったのに、先生の目の前では六段をこえたそうです。

おもしろいのはここから先で、Dさんが六段をとべたのを見たEくんが、彼も練習では四段までしかとべていなかったので、これから自分の番という直前《ちょくぜん》に、Dさんの前に来て、「どうかとべますように」と言って手を合わせたというのです。結果は……ちょっとお尻《しり》をこすったけれど、みごとにとびこすことができました。すると、Eくんは Dさんの前に走っていって、また手を合わせ「ありがとうございました」と一礼したのです。それで、みんな、大爆《だいばく》笑《しょう》。先生も笑《わら》っていたそうです。それ以来、Dさんは「D大明神《だいみょうじん》」と呼ばれるようになったとか。

……最後《さいご》の「大明神」は、ぼくがかってに付け加えた話ですが、みんな、たのしく過ごしているようです。あなたはDさんと仲がよかったから、その強い運をもらっているはず。新しい学校で、新しいクラスで、新しいともだちができて、たのしい時を過ごしていることを祈っています。遠くからだけど、強く強く祈っています。

十六年七月三十日付（七月二十三日受）

20　無力さを自覚　ただ祈るのみ

子どもと毎日顔を合わせるのがあたりまえになっていて、それは自分が望んだことで、しかもたのしくできていたというのだから、産休で仕方ないとはいえ、それができないとなれば、これは、たのしくない、つまらない、寂しいでしょう。ぼくの家の裏が保育所になっていて、職場の休校日に自室にいると、子どもたちの歌声、笑い声、叫び声！が聞こえてくるのですが、ごくごく自然に聞いていています。ところによっては保育所が騒音の元凶とされているようだけど、「子どもはうるさいのが自然だ」と思っている者にとっては、あの喧噪がないとかえって落ち着かないですね。あなたも「子どもの顔を見ないのは変な感じ」というのであれば、「病膏肓《やまいこうこう》に入る」状態です。同類が増えて、うれしいです。

さてぼくは、新学期に入り、専科であるにもかかわらず慌ただしく過ごしていますが、心沈む出来事がありました。四月にAさんに出した手紙が、転居先不明で戻ってきたのです。転出先の学校に問い合わせても、入ってきてすぐ出ていったということで、確かな住所はわからないそうです。どこで、どうしているのでしょうか。彼女は学期途中で来て学期始まりで出ていっていたので、ぼくの手もとには写真も残っていません。

実習のときお話ししたことがあると思いますが、ぼくは「子どもは自分で育つもの」と気づいたことで教師になることができました。いまもその考えに変わりはありません。でも、彼女のことを考えると、「教師にできることはいろいろあるけれど、最終的には子どもが自分で決める」というのではなく、「教師ができること自体ほんとうにわずかしかないのだ」と思い知らされます。新学期早々、おのれの無力さを味わわされました。

あ、でも、だいじょうぶですよ。もう沈んだままになったりはしません。頭の中の整理はこの前の手紙を書いたこと──聞いてもらったことで、かなりできています。新しい境遇に、してみたいことはいろいろ浮かんできています。ただ、彼女に関しては、もう何の力にもなれません。できるのは、祈ることだけです。ふだん神仏に手を合わせたりしない人間がこんなときだけ祈るというのはおかしなことなのですが、いまは祈らずにはおれない、そういう心境です。どうかあの子が平凡にたのしい人生を送れますように。

まだまだ暑い日が続きそうですが、二人分体調に気をつけて、予定日をお迎えください。全生命史があなたのうちにあります。

十六年九月十日付（八月二十七日受）

21　人は宇宙史・生命史・人類史の流れの中にある

ご出産、おめでとうございます。まずあなたの大切な娘さんに、そしてあなたとあなたのよき伴侶に、いま思い出せる限りの喜びの記憶をすべて込めて、祝福を贈りたいと思います。ほんとうに、おめでとう。

かなり気が早いと思われるかもしれないけれど、けいちゃんに絵本を用意しました。「この世にようこそ」と、歓迎の気持ちを伝える本です。それと、あなたとパートナーにも一冊。子どもに読ませたい本を紹介した書物なのですが、おとなが各冊の紹介文だけ読んでもおもしろい本です。ぜひご一読ください。

近代以前の婚姻は家が単位で、子孫を絶やさないことが目的でした。それが近代以降、自我を持った個人という考え方が成立し、結婚は当事者の意志に基づくものであり、子どもができるのは結婚の結果であると変わっていきました。子どもをつくるかつくらないか、つくるとすれば何人つくるかは、夫婦の意志で決めるものとなったのです。「つくる」という言い方自体に、当事者の意志に依るということが明確に示されています。

確かに基本単位が個人となったのですから、子どもの出産は集団・社会の要請などで決められるものではありません。ましてや国家が介入することなど許されません。しかし、子どもを産み育てることはまったくの私事でもないと思うのです。周囲の人に頼らなければできないことだという意味でもあるけれど、「我が子」とはいっても決して夫婦とだけつながっているものではないということでもあります。つまり、子どもは人類史、生命史、宇宙史を背負って生まれてくるのです。サルが二本の脚だけで立ち上がることがなければ、アミノ酸が原始生命体となることがなければ、無がゆらいで有が立ち現れることがなければ、いま、ここに、この子は存在しません。この子の生命はこの子だけのものではなく、人類の、生命の、宇宙の流れを受け継いできたものなのです。流れの中で、あなたたちは一つの生命《いのち》を預けられました。けいちゃんを腕の中に抱き、愛おしい我が子と感じつつ、ときどき、どこかでその背景に思いを馳せてください。「我が子」の「我」にだけ立って、子どもを親の望む方向にのみ育てていこうとするとき、子どもは決して人ではありません。親の叶わなかった夢の投影物、そう、思い通りに造形しようとする対象としての「物」でしかなくなります。しかし、子どもは一つの人格です。自分もそうであるように、我が子もまた自ら生きんとする、人類、生命、宇宙の流れの中の大事な生命《いのち》なのです。私と対等の相手としてかかわっていかねばなりません。

しつこいぐらい、おめでとう。けいちゃんが健やかに育っていきますよう、そしてお二人も親としてたのしく子育てできますよう、祈っています。

追伸：ここまでこの手紙を書きながら、いやこの前結婚を言祝ぐ手紙を書いたときも、気になっていたことがあります。あなたからの知らせを聞いて、ぼくは単純素朴におめでたいことだと思ったのですが、ちょっと周りを見渡せば、世の中には結婚していない人や、子どもに恵まれない人がいます。その人たちは、隣の人が受け取る祝福の言葉をどんな気持ちで聞くのだろうかということです。

多くの在り方があって、それぞれが等しい価値を持つとみんなが認識しているとき、そのうちのひとつを取り上げたとしても、それぞれの値打ちを認めているわけだから、特別扱いにはならないでしょう。しかし、得てして、本来どれもが「かく在る」に過ぎないのに、選ばれたひとつは「かく在るべき」として理解されがちです。結婚・出産に関して言えば、結婚しないことも子を持たぬことも自然なことなのに、世間では（多様化が進んだとは言われるもののまだまだ）結婚すること、そして子を持つことだけがあたりまえのこと、そうすべきことなのだと見られているようです。そういう社会で結婚、出産を祝うことは、いくら無邪気に語ったとしても、結婚していない人、子を持たない人には「おまえは在るべき姿ではない。間違っているのだ」と言っているように聞こえるのではないか、と危惧するのです。ぼくは、子どもというものは歴史の流れを繋いでいくものだと書きました。だとすれば、子どものいない男女というものは歴史の前では意味のないものだということになるのでしょうか。

確かに、自分の子どもがいなければ、私は私で終わってしまいます。代々続いた老舗が、跡継ぎがいなくて、店をたたまざるを得ないようなものです。

このとき、「私の子ども」にこだわる人に対しては、ぼくは、特段の思いは持ちません。そういう人はつまるところ自分がかわいいだけだからです。私の店を残したいのであって、跡継ぎはそのための手段に過ぎません。けれども、我が子であろうと、やがては別個の意志を持つ者、私ではない者として独立します。店の名は同じでも、新たな店として経営していくことになるのが自然です。そうして宇宙の歴史を引き継いでいくのです。「私の」にこだわる人は、自分ではなくなるものへの愛が欠落しているように思います。

一方、そういう愛を抱きながらも子を得られない人に対しては、想像を超えた寂しさを想像しつつ沈黙すべきなのかもしれません。愛しい命をその腕に抱けないということは、どんな励ましや慰めの言葉をもってしても寂寥感をただ強めてしまうだけのことにしかならない事態だからです。傍らに静かにたたずむことができればと思うのみです。

ただ、進んで語りかけることにはためらいを覚えますが、子のない人生の意味を問われたときには、もしかしたら少しは力になれることを語れるかもしれないという思いがあります。我が子を持つことだけが歴史の流れをつなぐことではない、子どもを見すえて生きることが人類史、生命史、宇宙史に参画することになる、という話です。

自分ではなくなるものへの愛（つまり異物への愛）が我が子への愛（という名のほぼ自己愛）を乗り超えさせるのではないかと思うのです。「血縁」と言われますが、生物学的な血のつながりはドラマに描かれるほど大きな力を持っているものなのでしょうか。親子関係というのは、たがいに大事に思い合って実際にかかわるものどうしの間に成り立つものであって、遺伝子上の血縁者が傍にいることが多いから、血縁関係を親子関係と読み違えるだけのように思えます。極端な言い方かもしれませんが、「血のつながり」は子どもに対する愛の決定的要因ではないということです。そのことに気づくとき、人は我 ― 個の立場を超え、子どもという存在を愛することができるはずです（我が子がいる人も、我が子はかわいいけれど、同時に子どもという存在自体も愛おしく思えるようになると思います）。

私という存在を、個人ではあるけれど同時に、全人類、全生命、全宇宙の一員であると捉えるなら、すなわち個に対する類としての立場に立つなら、私個人も人類の、生命の、宇宙の歴史の流れを次代に引き渡していく役割を担っているわけです。我が子のためというのとは違って、人類、生命、宇宙全体を意識して、直接的にせよ間接的にせよ子どものために活動するならば、それは歴史の流れに参画することになるはずです。確かに子のない人は、我が子を抱いたときのふわふわした感触を、子育ての実感として味わうことはないでしょう。けれども、子どもたちとかかわることで、彼らにより多くの歓びを与えることができたなら、また直接かかわらずとも、自分の人生を真摯に生きることで子どもたちに人の生き方というものを示すことができたなら、それは間違いなく子どもたちに歴史を繋いでいくことになると思います。

そもそも「子どものため」と口にするなんて、同時にお返しを求める下心があるようで、うさんくさいです。子どものことを直接問題にする立場にいない方がかえって、見返りなど頭に浮かばず、子どもに純粋に贈るだけということがしやすいかもしれません。

以上のように考えました。これが正しい解なのかどうか、自信はありません。我が子がいないというのはぼく自身にも返ってくる問題です。そう思わないことにはやっていけないというのも正直なところなのです。面倒な理屈を見つけることよりも、要は、子どもがいないということを運命だとして、その運命を引き受けることができるかどうかが分かれ道であるような気もします。克服しようとして運命に立ち向かうことは立派な行為ですが、運命を従順に受け容れることも、同等に立派な行為だと思うのです。どうしようもなくて引き受けてしまうというのではなく、「これが人生だったのか。さらばよし、もう一度」と運命を自分の意志だと読み替えることのできる人こそ、子のあるなしにかかわらず、人類史、生命史、宇宙史を背負うことのできる人ではないかという気がしています。

我が子を育てることと多くの子どもに教えること。あなたは以前、結婚しても子どもができても教師を続けたいと語っていましたね。そうすることを当然のことのように言う人がいますが、幼い子どもを、夫婦とも働きながら育てるか、一方が家庭に入って育てるかは、夫婦で決めればよいことで、いずれの道を選ぼうが、どちらも正しいと思います。あなたは、働きながらという道を選んだのだから、それでいいのです。時間の余裕は多少なくなるかもしれないけれど、忙しいからこそよけいなものをそぎ落としていって、ほんとうに大事にしなければならないことを見つけやすくなるかもしれません。

ただ、子育てと教職には共通点があるから、どちらもすることはどちらにも役立つだろうという単純な意見には、首を傾げます。役立つことはあるかもしれませんが、この二つは同じく「教育」とは呼ばれているものの、本質的には異なるものだからです。子育てが愛から始まるのに対し、学校は知識・技術伝達の効率化、あるいは特定のイデオロギーの注入のために始まりました。社会・集団の要求・必要性から生まれたものです。そこに人の愛はありません。いま学校においても教育愛が説かれていますが、それは「とってつけたもの」だと思ってください。学校の中核に元来あるものではないのです。したがって、制度内の教師であることと子育てに共通点は見いだせません。

でも、制度としての学校は愛と無縁だと言っても、現実に働いている教師は制度のうちでのみ働いているわけではありません。制度などに関係なく、個々の子どもたちの成長を願う教師がほとんどです。それは、子育てと同じく、愛に発する願いです。そのときの両者に共通する愛が、先に言った「自分ではなくなるもの」への愛だと、ぼくは思うのです。マリアはイエスというとんでもない異物を身籠もり育てました。我が子もクラスの子どもたちも、やがて自分の思いからは外れたものに変貌していきます。それは、親・教師が自分に固執するなら、許せないことです、自分ではないものになってしまうのですから。しかし、異者への成長もまた、私を超えた〈大いなるもの〉史の流れなのだと見ることができれば、温かく見守ることが可能です。これは我が子を相手にするなかで、あるいはクラスの子どもたちとかかわるなかで気づき、教職に、あるいは子育てに持ち込める視点です。両立させる道を選んだあなたには、どこかでぜひ実感してほしいです。

お祝いの言葉だけで済ませばいいものを、長い追伸になってしまいました。我が子を大事に育てながら、同時に子どもを持つこと、育てることの意味も考えていく夫婦であってほしいと願って、思うところを語った次第です。要らぬおせっかいかもしれませんね。その際は、ご容赦ください。

十六年十月十九日付（十月十四日受）

このとき先生が贈ってくださったのは、次の二冊です。
■『いない　いない　ばあ』松谷みよ子：文　瀬川康男：絵　童心社
■『大人が子どもにおくりとどける40の物語』矢野智司　ミネルヴァ書房

22　いちばんの贈りものは記憶にない記憶

「たそがれ泣き」とはおもしろい言い方ですね。この世に生まれて、生きていくぞと頑張って二カ月、ちょっと疲れるのかな。あやしてもすぐには泣き止まないということで、お母さんとしてはたいへんだろうけれど、不安にはなっていないということなので、安心しました。傍から勝手なことを言いますが、赤ちゃんは泣くのが仕事と思って、ゆったりつきあってあげてください。お母さんの休み時間もしっかり取って。

写真をありがとう。こちらの方は、けいちゃん、笑顔全開ですね。月並みではありますが、ときには月並みを使った方が率直に伝わる場合もあるかと思って言います ―― 目に入れても痛くないぐらい、とてもかわいい。最近、街で小さい子どもを見かけると、いやけっこう大きい子どもを見ても、その様子を、目尻を下げて眺めている自分がいます。ショーウィンドウで初めてその姿に気づいたときは我ながら驚いたけれど、いまはもう気にせずにこにこすることにしています。

子どもの笑顔というものは、見ている者の邪念をひととき消し去ってくれます。生《き》で働きかけてくれるのだから素《す》で応えなければならない、という気持ちにしてくれます。「神さまはよくしたもので、子どもの笑顔を見れば応じざるを得ないしかけをおとなの心の中に埋め込んだ」のです、きっと。ぼくは、「神さまの企み」に見事に、開き直って乗っかっているわけです。

子どもをかわいく感じられるから、おとなは頑張れます。子どもをしっかり育てようとします。では、おとなが子どもにしてやれるいちばんの贈り物は何でしょう。あなたは何だと思いますか……。ぼくは、「記憶にない記憶」ではないかと考えました。

子どもが幼いころ、親は子どもを、公園だ、海だ、山だと、あちらこちら連れて行きます。子ども連れで遊びに出るというのはけっこう疲れるものだそうですから、帰宅したとき、親の方がぐったりしているということも多いでしょう。しかし、それだけの覚悟をして連れ出したというのに、大きくなった子どもに昔のことを聞いてみれば、「覚えてない」……。いったい何のためにわざわざ出かけたのだという思いを抱くことになるかもしれません。幼いときの記憶というのは、例外的によく覚えている人もいますが、ほとんど残らないことの方が多いように思われます。

しかし、たとえ意識化できる記憶とはならなくても、たのしかった思い出は意識下に残るのです。「何があったかは覚えていないけれど、たのしいことがあったような気がする」――そういう「記憶にない記憶」が、親がたのしい時をともに過ごすことで子どもに生じます。人に大事にされた感触は一生残ります。これが心に浮かんでくれれば、おとなになって難儀することがあったとしても、最後は心折れることなく歩を進めることが可能です。幼いころおとなに大事に扱われることが少なかった人たちは、おとなになったときに自殺率が高い、と聞いたことがありますが、自分は護ってもらえるのだという感覚が乏しいために、くじけやすいのかもしれません。意識には残らないとしても、幼いころの庇護感はいわば身体全体に行き渡る血液となって身体に残ります。そして、辛い出来事に出会ったときも、生きぬく方向を選ぶ大きな力となるのです。

考えてみれば、ぼくたちも「記憶にない記憶」をおとなたちからもらったわけです。ということは、これが人類史というリレーの中で渡されていくバトンなのでしょう。形や色に違いはあっても、人はおとなからバトンを引き継ぎ、子どもに受け渡していくのです。その役割を果たすのは親に限りません、教師に留まりません。直接のかかわりがなさそうな者も含めて、すべてのおとなの仕事です。

幼いとき、親が子と遊ぶ、教師が子どもたちとたのしい時を過ごす、おとなが自分の人生を誠実に生きて見せる。これは、おとなから子どもへの贈り物＝贈与です。でも、子どもは贈られたことを忘れてしまう。そしておとなも贈ったことを忘れてしまったとしたら、贈与の事実も忘れ去られてしまいます。それは寂しいことのように思えます。がしかし、実は、その贈与は「記憶にない記憶」として意識下に残っているのです。こういうものが「純粋な贈与」です。贈り物にはお返しがつきものですが、贈った方も贈られた方も忘れているのだから、「贈ってやった」といった債権感や「お返しをしなければ」という債務感は消え失せています。だから、純粋贈与は人を身構えさせることがありません。ほのぼのと温かい「記憶にない記憶」です。ぼくは、おとなが子どもにしてやれる最大のことは、純粋贈与であると思っています（特に教師は、「大事にされた記憶」を子どもの中に社会的に形成していくのが仕事です。これは、公学校が元来の目的としているところとは違うけれど、教師にとってはそれよりも優先すべき重要な課題だと思います）。

大きくなったとき「覚えてない」と言われてがっかりすることもあるかもしれませんが、けいちゃんといっしょにあちらこちら出かけてください。いや、出かけずとも、できるだけたくさんの時間遊んでください。それは純粋な贈与となり、その「記憶にない記憶」は彼女の生きる力となるはずです。

十六年十二月十一日付（十二月十日受）

23　すべての人への贈りものは胎児の無意識の記憶

「記憶にない記憶」に関して、先の手紙を投函した直後、また妄想が浮かんだので、続けて書き送ることにしました。聞いてください。

その前に、この前の話で気をつけてほしいことをひとつ。「記憶にない記憶」説は決して決定論ではありません。大半の子どもは主に親から「大事にされた」という記憶をもらいますが、世の中には不幸にも、育児放棄や虐待を受けるなど、大事にされない記憶を与えられる子どももいます。しかし、彼らも、他のおとなによって大事にされた記憶をもらうことはあるし、人ではなくても、さまざまなもの・こととの出会いによって「生きていい」感を得ることはできます。他方、大事にされた記憶を持つ子どもであったとしても、その後の出会いによっては「意味がない」感を持ってしまうことがあります。つまり、「記憶にない記憶」次第でその後の子どもの人生がすべて決まるというわけではないのです。だから、言いたいことは、子どもが自己否定的な道を選ぶ可能性を小さくするためには、幼時に大事にされた記憶を持たせることが重要であるし、親が育児を放棄しない限りは持たせることができるということです。

では、今日の妄想に移ります。それは、「記憶にない記憶」のいちばん古いものは、母親の胎内にいるときに生じるのではないか、生まれてきた子どもはすべて、この記憶を無意識の深い底に秘めているのではないか、という思いつきです。もちろん科学的な根拠はまったくありません。進化という観点でいけば、胎盤というのは、それで子どもを育んだ方が子を護って危機を回避できる可能性が高いので、生む子どもの数は少なくなるけれど、確実に子孫を残すために選択した方法だ、という説明で終わりでしょう。「生命体は遺伝子の乗り物」説なら、遺伝子の存続を図るために胎盤が胎児を大事にするのは当然のことだと言うでしょう。はたして胎児が母胎の中で記憶を持てるものやら、ましてそれが、自分が大事にされているという記憶であるのか、確かめようがないのですから、ぼくの思いつきはほんとうに空想に過ぎません。あくまで頭の中で作り出した夢想、でももしかすると、そう考えれば生きる根拠が見つかるかもしれない幻想だと思って聞いてください。

胎児のころは、生後親から大事にされた人は言うまでもなく、大事にされなかった人も間違いなく大事にされた時期です。以前も言いましたが、胎児は母親にとって、その生命を危うくする可能性を持った異物です。にもかかわらず、胎盤—母体は胎児を育むのです。妊娠時、意識上では母親が妊娠を望んでいなかったとしても、また出産後、母親が育児放棄や虐待をすることがあるかもしれないけれど、子どもが胎内で育っているということは、胎盤—母体自体は子どもを絶対に大事にしているということに他ならないと思います。母親の方に意識はない、子どもの方に記憶はない、だから債権感も債務感も生じない、これが「最初の（贈られた）純粋贈与」です。このときの、母胎に護られた＝自分は大事にされたという「記憶にない記憶」を持って人は生まれます。この基盤があるからこそ、誕生後に大事にされない記憶を持つことがあったとしても、そのこととは逆に、その後の人生で「生きていい」という感覚を得ることが可能になるのだと思うのです。赤子はみな、そうすべての人は、そののち辛い目に遭うことがあったとしても、祝福されて生まれてきているのです。

そして、この母胎時の「記憶にない記憶」は、人がおとなになったとき、自分も同じように子どもを生み育てようと思わせる原動力ともなるのではないでしょうか。意識にはないけれど、自分は育てられたのだから自分も育てるものなのだ、と感じるのではないかと思うのです。これも「最初の（贈る）純粋贈与」だと言えるでしょう。人の基本形はあくまで「育てられたから、育てようと思うもの」だと思います。このことは、子どもを産む性、産まない性にかかわらず、すべての人に関して言えることです。なぜなら、すべての人は胎内で大事に育てられたという「記憶にない記憶」を持つからです。育てられ育てることは、見返りを求めない、贈ってやったという自意識を持たない（したがって贈られたという記憶も持たずにすむ）純粋贈与のリレーです。

では、このように考えるとき、子をなさない者は純粋贈与のリレーを断ち切ってしまうことになるのでしょうか。子どもを望んでいるのに、子どもが生まれないことがあります。いろいろな事情で子どもを産めないこともあります。また、子を持たないという選択肢を選ぶこともあります。この人たちはバトンをもらったままで、次の人たちへと渡すことはないように見えます。

子を持つということに関しては、人知を超えたところがあるようです。人の手で何とかしよう・できると考えるのは、ひどい言い方をしますが、思い上がりに他なりません。どうしても我が子を持てない・持たないということが確かに起こり得ます。でも、だから子には贈れない、と決めることはできません。子をなさなくとも、異なった贈り方で子どもたちに贈ることは可能だからです。前々回の手紙を思いだしてください。子どもを育てる場に加わる、または直接かかわらずとも生き方を子どもの前に示す――類の歴史に参画するという贈与の仕方がありました。

妄想は続きます。「最初の純粋贈与」＝胎児の「無意識の記憶」は連綿と贈られていくのですが、その贈り方は、つまり「育てようとする」気持ちの持ち方は、子どもを孕む性とそうでない性によって異なっているのではないかと思うのです。意図的になされる贈与に関しては、妊娠可能性のあるなしで違いは出ないでしょう。可能性のある者（母親と呼びます）もない者（父親）も、子のためを思い、子のことを考えて、よかれと思うものを贈ります。しかし、「無意識の記憶」の贈り方に関しては、母親の贈り方が自然であるのに対し、父親の贈り方はそうはいきません。

母親の贈り方が自然であるのはあたりまえのことです。かつて自分が贈られたのとまったく同じように、自分が子どもを孕むのですから、「無意識の記憶」は無意識に、つまり自然に子へと贈られます。母性の愛が「すべてを受け容れる愛」と見られることがありますが、それはこの自然さに基づくからだと思います。

一方、父性の愛が「価値を求める愛」だとされるのは、「無意識の記憶」の贈り方が自然ではないこと、いったん意識を通さないことには贈ることができないということに由来するのではないかと思います。父親は、自分は「無意識の記憶」を贈られながらも、新しい生命を我が身に孕むことはできません。つまり、自分の身体を通しては贈ることができず、贈るためには、子を孕む ― 子を持つということをいったん精神で受けとめてから贈らなければならないのです。精神＝意識においては、人は目的 ― 努力という日常を意図的に送っているのですから、「かくあるべし」が入ってくるのは当然のことです。だから父性の愛は「ありのまま」ではなしに、価値ある姿を目指すのです。

また、純粋贈与は本来無意識でなされるものですが、それを一度意識し、贈与したうえで意識から消すというのは、とても不自然な作業です。でも、この困難な過程を経ないことには父親の贈与は純粋贈与とはならないのですから、父親の贈り方は、どうしてもぎこちないものになることが多くなります。

母親と父親の子どもへの贈り方の違いをまとめます。子どもを産む性は身体として「無意識の記憶」をつないでいくことができるけれど、つまり自然に母になれるけれど、産まない性は意識によって「無意識の記憶」をつないでいかねば父になれません。これは、父になるためには父になることを学ばねばならないということを意味します。父親には自覚と学習が必要なのです（そしてそれを忘れることも）。母性は、子がどう変わっていこうと、自身はどんな姿になってでも母たろうとします。父性は、あるべき姿へ近づけていこう・近づいていこうとします、そうしないと父とはなれないかのように（ときに、子どもに殉ずる母であるかのように見える男性教師がいますが、それは、そうあるべきだと彼が学んだからです）。

最後にもう一度言っておきますが、胎児の「無意識の記憶」というのはぼくの妄想に過ぎません。しかし、妄想しないことには明らかにならないこともあるというのもまた確かなことです。妄想によってたのしく生きることができるのなら、その妄想は真実であると見なしてもいいのではないでしょうか。もちろん、あくまで妄想であるということは忘れてはなりませんが。

先に出した二通と合わせると、読むのに疲れる手紙になったかもしれません。妄想につきあってくれて、ありがとう。学期末だというのにゆっくり手紙を書けるのも、専科で時間的余裕がある……ない！　担任がいらいらした顔をしていました。早くクラスごとの成績表を出さないと。あと、ひとクラス。

十六年十二月十三日付

24　幸福――生命感は遊びに始まる

新しい年を迎え、手紙をやりとりできる喜びを改めてかみしめています。思い浮かべたことをただ浮かべた順に書き記すのではなく、反芻しながら言葉を綴り、ひととおり書き終えた後も読み返して手直ししていくことは、同時に考えを深めていくことでもあります。「書くことは考えること」とは、思いの浮かぶままに打つメールの場合言いにくいのですが、手紙の場合はまさにその通りだと思います。こうして手紙の交換をするようになって、頭の中にあるものの、あるいは生まれつつあるものの、ぼんやりしていた諸々の考えがはっきりしてきました。そのきっかけを与えてもらったことを深く感謝しています。今日は、少し前に目にした情景から話を始めます。

昼下がりの公園。草原《くさはら》に腰を下ろした父親の横で、三歳ぐらいの女の子が四つ葉のクローバーを探しています。いちいちパパに確かめていますが、なかなか見つかりません。やっと探し当てたとき、「よく見つけたなぁ」とパパに言われて、満面の笑みです。

隅の鉄棒では一年生ぐらいの男の子が、母親の前で逆上がりを練習しています。もう少しでできそうなのに、なかなか上がれません。「もういやっ」と放り出しかけましたが、ママに励まされ、また続けているうちに、ひょいと体が回りました。飛び降りてママに抱きつきました。

幼いときにしっかり幸福感を味わうことができれば、大きくなって辛い思いをしたときも、生を投げ出したりすることなく、歩を進めていくことができるのではないかと思っています。幸福感に浸ることで「生きることはたのしい。生きていくのがあたりまえ」という思いが生まれるに違いありません。「生きていいのだ」という自己肯定感や「生きていく値打ちがある」という自己価値感と通じる感覚ですが、それらに比べて意識されることはずっと少ないでしょう。何しろ「あたりまえだ」と思っているのですから、意識に上ることはあまりないはずです。だけど、この思いが心の底にあるからこそきっと、人は生きていく、生きていけるのです。

幸福感は、何ごとかを達成すること、どこかに到達することでのみ得られるものではありません。いま挙げた例のように達成・到達は幸せをもたらすでしょうが、それ以前に、活動自体をたのしむという幸福感があります。親に見守られてクローバーを摘む、逆上がりをする、その活動自体に（その時点では自覚していないかもしれないけれど）幸せを感じているのです。できたとき・至ったときだけたのしいというのであれば、できなければ・至らなければたのしくないということになります。人生には、成功体験ばかりということはほとんどなく、むしろ挫折することの方が多いかもしれません。だとすれば、人はそんなに幸福を味わえるものではないはずです。にもかかわらず、多くの人は生を断念することなく生きています。これは、成功に基づかない幸福があるからに違いないと思うのです。それが、活動しているという幸福感ではないでしょうか。活動すること自体の幸せの方が達成・到達の喜びよりおそらく根源的です。

この幸福感を味わわせることは教育の基底的な目的であるように思います。確かに、基本的な目標はできるようにすること、役に立つようにすること、つまり有能性と有用性を高めることにあります。これまで意図的になされてきた教育はすべてそうです。しかし、その底には活動すること＝生きることの幸福（これが生命性）を感じさせる教育が必要だと思います。生命性を底に持たない有能性に何の意味があるでしょう。ですが、生命性の教育には、偶然の働く要素がかなり高い。すなわち、これをすれば必ず生命性が感じられるというものはない。だから、結果的に成立することはあっても、意図的に操作できるものではありません。つまり、生命性の教育は計画を立てることが不可能に近いのです。したがって、いわゆる教育には収めきれません。教育する側の手には負えないということです。しかし、にもかかわらず、それでもなお、意図的に行う教育の底には無意図に働く教育があるということは、常に自覚していなければならないことだと思います。

知識・技術を身につけさせることは意図的な、有能性・有用性の教育です。それに対し、根本的なものの見方に目を向けさせること（新しい世界が見えてくる、世界観が自覚されるということで「世界を開くこと」と言ってもよい）が、無意図に生じる、生命性の教育であると、ぼくは思っています。知識や技術を身につけることはたのしいことですが、より根本的なものの見方が見えてくることには、身体がわななくような喜びがあります。思い通りに与えられるものではないけれど、この喜びを子どもに味わわせたいと願っています。

有能性・有用性の教育をできるようになるということで「発達としての教育」、生命性の教育を在り方自体が変わるということで「生成としての教育」と呼ぶとき、これらは教育と呼ばれる活動の二つの相であると言えます。直接的には発達を扱いながら、その活動の底では常に生成を意識している・いるべきものだと思います。

ただ、ひとつ断っておかなければならないことがあります。「発達」には前へ進むという印象がありますが、「生成」をものの見方の変革と捉えるならば、その変化は前進とは限らないのです。幸福感を味わえない方向、生ではなく、死の方向に進む可能性もあるということです。教える側に制御できるものではないのだから、あり得る話です。しかし、そういうものも含めて教育だと考えねばなりません。単純に幸福な人生に至るものが教育ではないと思います。

何をもって生命の幸福を感じさせればいいのでしょう。意図的に操作できるものではないのですから、思っていてもできないこともあるし、思わぬところでできることもあります。ただ、原理的に考えた場合、活動の喜びを感じられるのは「遊び」ではないかと思います。「仕事」は、目的を立て、それに向けて努力することですから、達成感の喜びは感じられても、活動自体に喜びはありません。活動している時点ではまだ目的は達成されておらず、価値の低い状態にあるからです。それに対して、「遊び」は活動自体が目的です。活動すること自体がたのしいわけです。これは生きる喜びそのものではないでしょうか。

遊びにするのは簡単なことです。「これが遊び」という確固とした内容があるわけではないのですから、活動自体を目的にすれば、それですぐ遊びになります。思いついたときから遊びになるのです。たくさんの場面で仕事を遊びに切り換えてみては、どうでしょう。

最後に念のため言っておきますが、仕事というものがよくないと言っているわけではありません。それは人間の基本の在り方です。人は仕事をせねばならない。しかし、その底には遊びがなくてはならないと思っているのです。遊びを基底にして日常の仕事が成り立っています。にもかかわらず、いま教育として取り上げられるのは仕事としての教育ばかりです。「できるようになる」「役に立つ」という言葉にはいいかげんうんざりしています。ぼくが一方的に遊びを強調するのは、遊びが生の基底にあると思うからです。「することがおもしろいからする」ということがもっとあっていいのではないでしょうか。

もう一年育休を取るとのこと、それでいいと思います。悩んだうえでの決断の理由は「なんとなく」でいいのです。理由を理路整然と述べられるのは、たいした問題でないときか、決断をひとのせいにしたいときぐらいのものです。考えても考えてもなかなか道が決まらないという場合は、最後は「えいっ、やっ」で決めることになるのがあたりまえです。責任は自分で負うという覚悟ができたからこそ、決断できるのです。その決断は、周りがどうこう言えるものではありません。あなたはただしい。この一年は、教室に戻ったときの準備もしつつ、めいっぱいけいちゃんにつきあってあげてください。

「三カ月微笑」とは懐かしい言葉です。かなり昔、大学の講義で習いました。周囲の刺激に反応するようになる、社会性の芽生えとして覚えています。でも、人は生まれつき周囲の人に対して心を開くようにできているのだ、だから誰にでも微笑むのだ、と理解する方がたのしくないですか。

そうそう、冬は空気の澄んでいることが多いので、星を見る絶好の機会です。しかも、ベテルギウスを中心に置いて、カペラ、アルデバラン、リゲル、シリウス、プロキオン、ポルッククスと、一等星が六角形に並んでいます（ポルックスの隣にカストルも同じように光っているのですが、四捨五入すると一・六等級のカストルは二等星になるので、六角形の頂点には入れてもらえないのです。双子座なのに）。こんな贅沢な星空は冬季限定です。冴え冴えとした夜に星を見上げるのはたのしいものです。風邪をひかさないよう十分気をつけて、けいちゃんと夜空を見上げてみてください。これも「記憶にない記憶」にならないかなぁ。あ、まだ遠くのものまではっきり焦点が合わないか……。

十七年一月二十八日付（一月二十二日受）

25　純粋な関心を基に有用性の関心を伸ばす

ごめんなさい、手紙を読んでいて、思わず声をあげて笑ってしまいました、生後六カ月にして母親にカウンターパンチを食らわせるとは。あなたは痛かっただろうけれど、そのときの様子を想像すると、やっぱりおかしい……ごめんなさい。けいちゃんは、興味があるものには、何にでも手を伸ばすのですね。五感というと、触覚はどうしても最後に出てくるような感じがしますが、実際には「なんとなく」にいちばん通じているのは、触れたときの感触かもしれません。いろいろなものをたっぷり触らせてあげてください。もちろん、身体全体で触れ合うことも大事です。しっかり抱きしめてあげること……これは言う必要ないですね。

　でも、幼い子どもの好奇心というのはほんとうに途方もないです。抱っこされてお母さんの肩越しに周りを見ている赤ちゃんと目が合うことがあります（ちなみに若いころ、ぼくはこれが苦手でした。すぐ視線を外して、横目で眺めていました。いまは平気で見返しています。歳のせいかな）。瞬きもしないでまっすぐこちらを見ています。親に見えないのをいいことに、ぼくは笑ったり怒ったり困ったり、いろいろな表情をしてみせるのですが、赤ちゃんは、この男は何をしているのだろう、何をするつもりなのだろう、何者だろうというふうに片時も目を離しません。その時、関心はぼくに対してのみ向けられています。たいていはぼくが根負けして、にっと笑った後、別の方向に歩き去ることになります。赤ちゃんは目に留まったものを確かめずにはおられないのでしょうね。人間の根本は何かを身につけていくことではなく、何かに興味を持つことのように思えます。おとなになれば、またおとなになるときには、目的を立てて、それを得ようと努力するという活動が基本とされますが、実はその活動の底には、生まれたときからずっと働いている強い好奇心があるのだと思っています。

　この子どもの好奇心こそ、混ざりもののない純粋な関心と言っていいものでしょう。「〜だからおもしろい」のではなく、「とにかくそのものがおもしろい」のです。つまり、目的に叶うか叶わないかという視点から見る〈有用性の関心〉ではなく、対象そのものへの〈純粋な関心〉です。たとえば、同じようにギリシア神話の本を読んでいたとしても、話の展開に惹かれているときは純粋な関心から、子どもにするお話の材料として見ているときは有用性の関心から読んでいると言えるでしょう。

純粋な関心は子どもの時期に顕著です。大きくなって役に立つから、という台詞が子どもを授業に集中させるのにあまり役に立たないことは、あなたも覚えがあると思います。子どもがたのしむ授業というのは、授業自体がたのしいものであるときです。その内容が何かの役に立つとか、何かに使えるとかいったことは、子どもはほとんど気にしていないような気がします。けれど、純粋な関心は子ども期特有のものであるとは言えません。これは終生変わることなく人が心の内に抱いているもので、おとなになって目的―努力という有用性の世界で生きるようになっても、消え去ることはないものです。子どもに教えるためにと勉強しているうちに、その内容自体がおもしろくなってきて、いつの間にか関連の本を読み漁るということがありませんか（教師のなかには業務の必要以上には勉強しないという人も多いようです。どうして純粋な関心が目覚めないのか、不可解です。不幸なことだと思います）。授業関係の雑誌で言葉の教育に関してよく記事を書いていたのに、最近名前を見なくなったと思った教師がいたのですが、聞くところによると、その人は研究者に転身したそうです。純粋な関心を核にして、その周囲を有用性の関心の層が取り囲んでいるのが、人の関心のありようだと言えばいいでしょう。乳児のうちは核が露出しているのですが、おとなになるに従って、つまり目的―努力という在り方をするようになると、核の上に部厚い有用性の関心の層が形成され、それだけが表からは見えるようになるのです。おとなが有用性の関心だけで見ているというのは、そういうことです。

確認しておきますが、有用性の関心を堕落だと考えるのは間違いです。人の生き方の基本は目的 — 努力にあり、だからこそ歴史を進めることができました。有用性に目を向けてしまうと純粋でなくなるからよくない、などということは決してないのです。

そもそも純粋な関心に善悪はありません。善いとか悪いとか、そういう考えとはまったく無縁です。たとえば原子力の開発で言うなら、最初にあったのは原子の基本構造を識りたいという純粋な関心でしょう。ところがやがて、原子力を兵器に利用するにはと有用性の関心から研究が進められるようになり、原子爆弾に至りました。しかし同時に、別の有用性の関心から核兵器につながるような研究は禁止されるべきであるという運動も起きました。何が善で何が悪であるかは簡単に言えませんが、有用性の関心が善悪の観点をもたらすことは間違いありません。それに比して純粋な関心に立てば、対象について識ることがただおもしろいだけです。

〈純粋な関心〉と〈有用性の関心〉の関係を理解するために、人を地球に見立てて考えてみましょう。地球の内部構造は、中心に高温高圧の金属質の「コア（核）」があり、その周りを「マントル」と呼ばれる岩石層が取り囲み、表面部分は「地殻」が覆っています。地殻はマントル最上部と一体となって、「プレート」を形成しています。人になぞらえると、地殻 — プレートが暮らす（生きる）こと、マントルが「有用性の関心」、そしてコアが「純粋な関心」

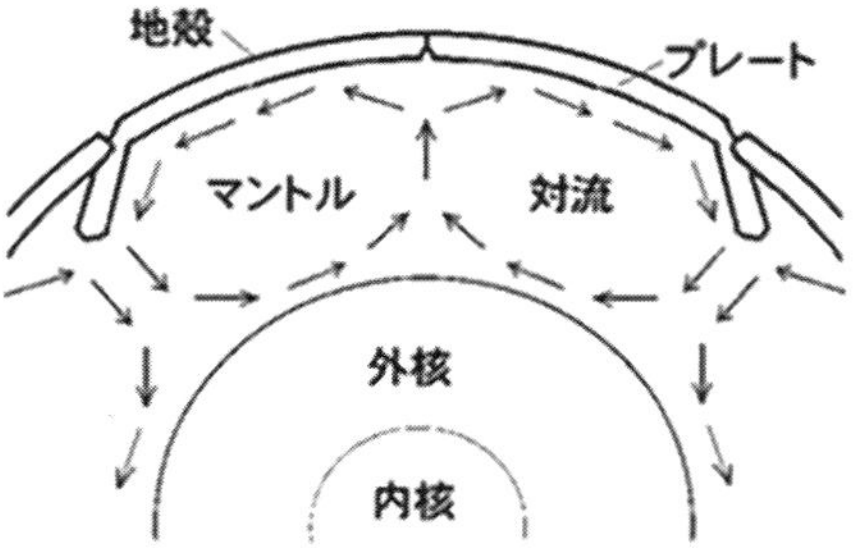

です。プレートはマントルの上にありますが、マントル上部は対流を起こしているので、その動きに合わせてプレートも移動します。対流ができるためには熱源がなければなりませんが、熱を提供しているのはコアです。有用性の関心に依って生活をしているけれど、その有用性の関心は純粋な関心に源があるということです。

また、プレートは地球全体でひとつというのではなく、複数枚で地表を覆っています（何枚かの皮を縫い合わせて作られた一個のサッカーボールを想像してください。ただし地球の場合、皮の大きさは不揃いです）。その複数のプレートが複数のマントル対流に合わせてそれぞれ別個に移動するため、プレートどうしが衝突することになり、その結果地表で発生するのが地震です。対流が起こるのはコアの熱のせいですから、地殻に大きな変動を起こす地震も、実はコアの熱に始まるのです。これは、純粋な関心がときに生活に根本的な衝撃を与えることがあるということだと言えるでしょう。有用性の関心だけで生きているように見えても、人は純粋の関心を、表に出さないだけで、いつも必ずうちに秘めているのです。

大地は不動だと思って、その上に確実な生活を築いている日常にとって、揺さぶり破壊する地震は、ない方がいいものの筆頭でしょうが、コアの熱があれば必ず起こるものです。純粋な関心を持つ限り、日常に裂け目が広がるような事態は避けられないということです。でも、コアの熱がマグマをつくり、地殻を形作ります。純粋な関心が生きているからこそ、有用性の関心も生まれ、目的 ― 努力の日常生活を送ることができるのです。この二律背反を認めることからしか、純粋な関心とはつきあえないと思います。

安定を求めて、現実には不可能な話ですが、プレートをすべてつないだと想像してみましょう。永遠の安定はもたらされるでしょうか。いいえ、コアは熱を持っていますから、そのせいでマントル対流は必ず起こり、その結果プレートは必ずや裂けたり、沈み込んだり、ずれたりすることでしょう。結局、完全な安定はないのです。コアが熱を失ったとき地殻は不動となるかもしれませんが、熱を失うとは地球の死を意味します。

いまの学校教育を見ていると、一枚のプレートで地球全体を覆ってしまおうとしているふうに思えます。「〜の力がつく」「〜を伸ばす」等、すべての教育活動に「〜のため」と理由をつけないと気がすまないように、つまり有用性の関心のみで対象を見ることしかしていないように感じるのです。純粋な関心はどこへ向かうかわからない、統制できないがゆえに敬遠されます。もしこの見方が貫かれれば、コアたる純粋な関心は表に現れることがいっさいなくなり、元からなかったものと見なされることでしょう。役に立つ合理的な、でも何も創造しない、つまらない社会ができるはずです。だがしかし、それ以前に、そうなる可能性はほとんどないと思われます。コアの熱までは封じ込められないからです。押さえつけたつもりでも、いつか熱はマントルの流動性を高め、プレートを大きく動かすことになります。再び超大陸が形成され、新たな生き方をせざるを得なくなることでしょう。

大事なのはプレートで覆ってしまうことを教えることではなく、コア・マントル・プレートの働きを自覚させることです。さしあたっては、子どもの純粋な関心に訴えるような授業を増やすことです。「〜のための授業」ではなく、「それ自体たのしい授業」を数多く実施することが肝要です。教育的効果なんて二の次にすると、ときに学校教育の範囲を超えてしまうこともあるでしょうから、そのときは世間から「教育」と呼ばれないかもしれません。ならば、それでもかまいません。社会的な区切り方などどうでもいいのです。コアの熱がマグマをつくり、最後に地殻を形成しているのですから、純粋な関心の活動を抑えれば、きっと有用性の関心も細っていきます。鍵は純粋な関心の発動を抑えないことにあります。

今年も理科専科になりました。修了式を前に言われてしまいました。最終年なのに学級担任ではないなんて、気楽に定年を迎えることはできるかもしれないけれど、ものたりない思いで終えなければならないなんて、少々がっくりきています。これが正直なところです。

十七年三月二十五日付（三月十九日受）

第三部

仕事と遊び——教育の基本と基底

26　次代に思いを

いつも手紙をありがとう。今日は、ぼくの方から出すことにしました。けいちゃんは元気にしていますか。六カ月というのは夜泣きが始まる時期だと聞きましたが、実際にはどんな具合なのでしょう。ドキュメンタリーやドラマで見る限り、嬉しくて泣いているようには見えないから、すべて満たされていたエデンの園へはもう帰れないと悲しくて泣くのでしょうか、それとも識っても識っても新たなものが現れてくる限りのなさに怯えて泣くのでしょうか、いずれにしても「いま、ここにあること」に不安を覚えている、生まれて初めての実存に対する不安ゆえに……冗談みたいにしてしまってはいけませんね。夜泣きがもう始まっているようでしたら、知ったふうな言い方で失礼なのを顧みず言えば、しっかり泣かせて、しっかり抱きしめてあげてください。くどいようだけど、泣くことが赤ちゃんの仕事です。慌てる必要はありません。ただ、それにつき合うのは体力を要することだから、隙を見つけて少しでも休むようにしてください。決してサボタージュだと思わないように。休むことは育児する人の務めです。

さて、今回、こちらからお便りしたのは、お願いがあるからです。ぼくもいよいよ定年の歳を迎えました。子どもと直にかかわりたいと思って就いた仕事で、就職したときから退職の迫ったいままでを、もちろんいろいろな「事件」はあったけれど、臆面なく「たのしかった」

の一言で括ることができます。そこで、自分自身の三十余年を振り返って、子どものこと、教育のこと、教師のこと、考えてみようと思いました。

もともとは退職したら始めるつもりだったのです。職にありながらというのでは、どうしても目の前の仕事に時間をかけざるを得ないので――それが本来の仕事であるし、そういう具体的状況下で必要な知識・技術を見つけることも意義あることなのですが――職を離れてから考えることにしようと思っていました。ところが、今年は幸いなことに（落胆と皮肉を少し込めて読んでください）専科で、学級担任よりはずっと時間的な余裕があります。計画を一年早めて始めることにしました。考えるのに疲れたときは、周りを見渡せば子どもたちがいますから、眺めていれば元気をもらえるし、始めるにはかえって好都合かもしれません。

振り返ると言っても、自伝を書こうというのとは違います。あったことを事細かに正確に書き記すというのもまとめ方の一つだと思いますが、その方向に進もうとは思いません。子どもというもの、教育というもの、教師というもの、ぼくは「というもの」について考えてみたいのです。しかし、だからといって、書物をもとに考えていくというふうにはならないでしょう。ぼくは、文献を丁寧に読んでいくという点では、そういう訓練を受けていないので力不足ですし、そもそもそういう方向を向いていません。実際に見聞きしたことから理屈を組み立てようとする質のようです。だから、もちろん本からも多くの視点を得るけれど、加えて現場の経験を思い浮かべながら考えを進めていくことができるのではないかと思っています。

ただし、経験を生かすと言っても、それは自分の経験を一般化するという意味ではありません。たまたま自分にだけ成立したことを他の人たちにも当てはめるというのは、不遜です。多くの人に通じるようにするためには、経験の一般化ではなく、経験の本質を求めなければなりません。そして、「こんなふうに考えると事態を見通すことができる」と、現場の教師に元気がでるような見方・捉え方を提示することができれば、うれしいです。

ものを考えるときは、誰かに聞いてもらった方が、なんとか伝えよう、わかってもらおうと努力するために、うまくまとめられることが多いようです。そこで、あなたにお願いです。ぜひ、聞き役になってください。あなたは教職五年目です。熱意はあっても頭の中だけで理解しがちな教師志望者ではないし、慣れゆえにものを考えなくなった不努力のベテラン教員でももちろんない。教育の現場に足を踏み入れたけれど、まだ既成の枠組みへのとらわれがなく、子どもに対する想いを持って努力することができ、これから長く子どもたちとかかわっていく人です。それに何より、既にこうやって手紙のやりとりを始めています。ぼくにとっては最高の聞き役です。あなたにぼくの話を聞いてほしいと思います。そして思ったこと、感じたこと、いろいろと知らせてください。お願いします。

それから、もう少し言っておくと、考えたことを伝えたいという気持ちだけではなく、伝えねばならないという気持ちも、ぼくには強いのです。自分の話になるのですが、ぼくが最初の職場で、強い想いはあっても、実際にどうしていいのかはよくわからなかったころ、世話になった五歳ほど年長の先輩がいます。その人に或る日「いつも世話になって申し訳ない」という意味のことを言ったところ、「そんなこと、気にしなくていい。もし世話になっていると思うのなら、きみに後輩ができたとき、その後輩に、俺に世話になったと思う分、返してやってくれ」と言われました。

そのときは、それでおしまいでした。それ以降もしばらくは、その言葉がぼくの行動の規範になっていたとは思えません。教員の採用数がとても少なくなって、ぼくより若い人にはほとんど出会えなかったのです。でも、職場をかわって、採用者数もまた増えだして、同じ職場に若い人が何人かいるようになると、先輩の言葉を思い出しました。忘れていたのではなくて、機会がなくて、浮かんでこなかっただけなのです。「そうだ。この人たちに、ぼくが先輩から受け取ったバトンを渡さなければならない」——教えてやろうなどという気持ちからではなく、後輩には伝えていくものなのだと、ごく自然に思ったのです。

若い人たちに、機会があれば話しかけるようにしました。ほんとうは、そういうことはあまり得意ではありません。働きかけるより受け止める方が、ぼく自身は向いていると思っています。でも、伝えたいという気持ちが勝りました。伝えたい内容はもちろんあるけれど、それに納得してほしいけれど、それ以上に伝えていくということ自体の大事さを感じてほしいと思ったからです。連綿と続く「精神のリレー」です。

働きかけがすべてうまくいったわけではありません。現状に適応し過ぎる人には話をするのをやめてしまいました。申し訳ないけれど、この人は既成の枠組みに合わせるだけで、自分で新しくものを考えていこうとはしないだろうと思えてしまったのです。ぼくの方に、ぼくの考えていることを伝えなければという気持ちが強すぎて、押しつけがましくなったせいでもあります。その人は聞いているふりだけしているように見えましたが、ぼくの話が「かくあるべきだ。他に道はないのだ」と耳障りだったからでしょう。

ここまで読んで、実習のときに聞いた話だと思いだしたかもしれませんね。確かに、したと思います。「精神のリレー」は、ぼくにとって大事な話なので、ぼくのクラスで実習をした人には必ず話をしています。これは、あなたより前に実習にきた人の話なのですが、彼女が勤めて五、六年たったころ、初めて同学年に後輩がきたというので、「先輩にもらった分は後輩に、をやってます」という便りをくれたことがありました。ぼくの話を覚えていてくれたのです。間違いなくバトンを渡せたと、とてもうれしかったのを覚えています。先の、ぼくに話をしてくれた先輩にも、久しぶりに手紙を出して知らせました。

あなたが実習にきたのはちょうど、職場に話のできる若い人たちが揃っていたときです。機会を見つけて、あるいはふだんから、ところどころに思いを伝えるということをしていました。あなたに対しても同じようにしたと思います。ただ、バトンを渡すことはできたかなと思うものの、よいバトンを渡せたかどうかは心配です。当時は、考えていることをまだきちんとまとめきれていませんでした。思いつくまま話していただけなので、話しながら考えるといった感じになって、ぼく自身にとってはたいへん役に立ったのですが、あなたたちに内容をうまく伝え得たかどうかについては自信がないのです。でもいまは、ぼくも経験を重ねました。繰り返し考えているうちに、以前よりは明確に表せるようになってきました。しかも今回は、書き表そうとしています。だから、整合性はまだまだ不十分だろうけれど、以前に比べればずっと筋が通ってきているのではないかと思っています。ぼくがこしらえたなかでは、おそらく最良のバトンをあなたに渡すことができます。どうぞ受け取ってください。

これから振り返りを始めるといっても、そういうことはこれまでまったくしていなかったというわけではなく、今日までの手紙で大事なことはいくつか書いてきたつもりです。ですから、ここまで触れてこなかったこと、少ししか言い及んでいなかったことを書いていきます。また、既にした話のまとめ直しをすることもあるでしょう。最終的に子ども—教育—教師全般を覆うことができたらいいのですが、高望みかもしれません。でも、方向目標として、少しずつ近づいていければと思っています。

さて、自分のしてきたことを自覚的に捉え直すといっても、現場にいる限りは授業が本業です。本業=本来の職業というよりは、ぼくにとってはたのしみごとの一つなのですが（主に仮説実験授業とそれにつながる授業に関して）。これから準備を始めます。授業書を印刷してクラスごとに分けて、六年生は「もしも原子がみえたなら」から始めるから、スチロール球を注文しなければならないし、五年生は「タネと発芽」だから、ハトの餌を買っておかなければならないし……ばたばたしそうです。でも、子どもたちもぼくもたのしくできるだろうという予測ができているときは、忙しいのはかえってたのしいものです。あ、起案書の締め切りは明日だった。では今日は、このへんで。

十七年四月四日付

「もしも原子がみえたなら」と「タネと発芽」は、仮説実験授業の授業書です。内容に関して、前者は『もしも原子がみえたなら』（板倉聖宣　さかたしげゆき：絵　仮説社）、後者は『タネと発芽』（吉村七郎・板倉聖宣・中一夫　仮説社）をご覧ください。

27　交換、贈与、純粋贈与

一番の読者へ（そう書いてくれて、ありがとう）

願いを聞き入れてもらって、感謝します。では、さっそく本題に入ろうと思います。が、その前に、前回の手紙に付け加えておきたいことがあります。それは……

わかりやすいことを書こうとは思いません。「わかりやすい」というのは、読む人の理解の枠組みに既に入っているということでもありますから、ぱっと入る代わりにぱっと消えてしまうこともよくあります。ぼくは読む人に、それまでの枠組みにない新しい知見をもたらすようなことを、少しでも書きたいと思っているのです。でも、だからといって「わかりにくい」のがいいわけではありません。それはつまり、ぼく自身がよくわかっていないからわかりにくくなるというだけのことで、そんなものが読む人に何かをもたらすということはあまりないでしょう。自分の考えを丁寧に展開していって、ゆっくり読んでもらえれば「あ、そうも考えられるのか」と元気を出してもらえるよう「わかりやすく」書くことを心がけて、筆をとります。

では、今日の本題です。「純粋贈与のリレー」について考えました。純粋贈与に関しては以前にもお話ししました。前回は「精神のリレー」などと書きました。贈与と交換の話もしていたと思います。重なる部分もあるのですがもう一度、全体をまとめ直しておこうと思った次第です。

人と人がいるとその間で、なんらかのもの・ことが交換されるか、あるいは一方から他方に贈与されるかします。教師と子どもの関係はよく「無償の愛」などという言葉で贈与だと捉えられるのですが、それは両者の間に知識・技術量の大きな差があるため、傍から見ていると、その伝わり方がどうしても一方通行に見えるので、その点を捉えて贈与だと言っているだけのような気がします。でも、真面目な教師は無償の愛という言葉を真に受けて、子どものためにたくさんの贈り物をしようとし、まずい贈り方をしてしまうと子どもをわるくしてしまうのではないかと怖れます。

はっきり言いますが、「まずい贈り方」などと思うのは教師の思い上がりです。人は、おとなであろうと子どもであろうと、自分で自分をつくっていく存在です。他からの働きかけを受けはしますが、最終的に決定しているのは自分自身です（もしかしたら無意識が働いている場合もあって、意識の上では気づかないということがあるかもしれませんが、それでも自分が決めているのです）。贈られ方で決まってしまうということはありません。子どもも教師も互いに、自らは自らで決するという主体性を持っているのです。

相手が自分と対等の主体だとわかれば、一方的につくってしまうのではないかという怖れから解放されます。対等な二人の間には交換が成り立ちます。ですから、以前話したように、教育を商業イメージで捉えることが可能です。店主たる教師は客たる子どもが喜ぶ商品、つまりたのしい授業を提供すれば、それでよいのです。たのしい授業には歓声や笑顔が返ってきます（つまらない授業には興醒めの声や無視が返ってきますが）。判定は子どもがすることなのですから、教師は、歓声が上がり笑顔が広がることを目指して、たのしい授業を増やし深める努力をすればいいのです。

努力というと、子どもが好きで教師になった人は、賃金収入や社会的地位のみを考慮して教職を選んだ人とは違って、自分の仕事を価値あるものだと思っているだろうから・けれど、その仕事を続けるためには耐え忍ぶような努力が必要だとも思っているかもしれません。何しろ、教職とは「人を育てる＝つくる」仕事だと思い込んでいる（思い込まされている）わけですから。目の色を変えて取り組まなければならないことになるでしょう。

確かに、仕事に対して努力は必要です。何もしないでもうまくいくなどということはあり得ません。しかし、教師という仕事は、辛い努力がすべて、歯を食いしばらなければできないもの、ではないのです。教育を工業や農業のイメージで捉えるとすれば、これはどちらも、働きかける側のみが主体で受ける側はその対象に過ぎず、一方的である贈与のイメージにつながります。だから、贈る側の教師だけが責任を負わねばならないことになり、努力は、常に責任を問われる辛いものとなるでしょう。けれども、互いに主体である商業イメージならば、もちろん自分の行為に責任は持たねばならないのですが、店主が一方的に背負い込む必要はありません、購入は客の責任なのですから。商品の判断は客に任せて、店主は、客に喜んでもらえるような商品を開発し、サービスを提供すればいいだけです。その工夫なら、客の笑顔を思い浮かべられますから、たのしく努力できるはずです。

ここまで話を進めれば、教育＝交換のように理解されることになるでしょう。その通り、日々の活動は交換イメージで行う方がいいのです。教師と子ども、ともに自分のことは自分で決する者どうしなのですから、一方的に責任を背負うことなく肩の力を抜いて、よきかかわりに向けてたのしく努力していくことができるはずです。

けれども、そうは言っても、おとなと子どもの教育行為の根底にあるのはやはり贈与なのだと思います。おとなから子どもへの一方的な贈り物です。人は生きていくなかで知恵を身につけていき、蜜蜂が蜜を貯えていくように、それぞれの器を知恵で満たしていきます。器の大きさは人それぞれでしょうが、やがて器は知恵でいっぱいになり、知恵は器からこぼれ出るようになるでしょう。そのとき人は、溢れ出る知恵を次代の人たちに与えたくなるのです。なぜそう思うようになるのかはよくわかりません。伝えることで自分に知恵があることをひけらかすのとは違います。ただ伝えたいのです。「利己的な遺伝子は自身の存続を願う」などとも言いますが、そんな計算だけで事が運んでいくものなのでしょうか。とりあえず「愛情ゆえ」と言っておきますが、とにもかくにも、人類がここまで存続発展してきたことを考えれば、親から子へ、おとな世代から子ども世代へ、知恵の贈与が連綿と続いてきたことは確かです。

このように考えてくると、学校が大きな働きをしているように感じられるかもしれません。いいえ、知恵の贈与は人類がその誕生から行ってきたことです。公学校制度が成立したのは歴史的にはごく最近のことに過ぎません。しかも学校は、知識・技術の伝達に関してたいへん効果的ではあるものの、贈与を原理としているわけではないのです。学校の目的は、現社会を存続発展させていくために必要な知識・構えを構成員に身につけさせることにあります。出発点は社会の必要性にあって、溢れ出る知恵を伝えたいという個々人の愛からではありません。贈与ではなく強制であると言った方が適切だと思います。

けれども、その学校で働く教師ひとりひとりは子どもに面したとき、学校本来の強制原理ではなく、贈与原理に立つことが多いようです。子どもが好きで、子どもが幸せになれるように働きたいと願って教職を選んだ人がほとんどです。実際に働きだして、「贈る」というよりは「持たせる」という感じが強くなることはあっても、心の中では基本的に贈与原理が働いているふうに思います。学校組織としては強制原理、教師個人としては贈与原理、それが学校というところです。

いまは学校全体について論じようとは思いません。贈与を根底に持ち、日々交換をなしている教師個人のことを考えることにします。贈与を旨としている教師が陥りやすい間違いは、贈与を交換にしてしまうことです。「自分はこれだけしているのに、子どもは応えてくれない」――そう思ったことはありませんか。贈与は一方的であるはずなのに、見返りを求めてしまうのです。確かに、「贈与交換」というものもあります。贈与に対し、贈与を返すのです。贈り物に贈り物を返すのは、儀礼としてはあたりまえではないかと思われるかもしれません。でも、これはしんどいことです。贈与された方には、「贈ってもらった」という債務感が生じるものですが、いつまでもそれを持っていることは辛いことなので、贈与し返すことで債務感を晴らそうとします。ところが、贈与というものは額を算定することが困難ですから、どれだけの贈り物をしてもらったのか、正確なところはわかりません。そこで、相手にこの程度しか感謝していないのかと思われることを避けるために、少し多めになる感じで贈り物を返すことになります。すると今度は、最初に贈った方に債務感が生まれます。自分が贈ったよりもたくさん贈り返された。これはまた贈らなければならない……となって、贈与の交換は際限なく拡大しながら続くことになるのです。

贈与交換の拡大とともに、債務感も重く大きくなっていきます。最後には最大のもの、自分の生命を贈らなければならないことにもなるでしょう。贈与し合うのは一見よいことのように見えますが、どこかでその増殖をくい止めなければ、悲劇的結末を迎えかねないのです。この無限増殖を防ぐために文化的にはいろいろな装置があるらしいのですが、詳しく調べたわけではないので、その話はできません。しかし、どこかで止める仕掛けをつくって、想定される破局を回避する必要があるのは間違いのないことです。

そこで思いついたのが、まだ思いつきにすぎないのですが、真面目に考えてもいいのではないかと思ったのが、〈忘れる〉ということです。贈与する側が贈ったことを忘れてしまう。それに応じて、贈与された側は贈られたことを忘れてしまう。そうなると、「してやった（のに）」という債権感は生まれません。また、「してもらった。返さねば」という債務感も生じないでしょう。誰がしたのか誰が受け取ったのかわからない、贈与という行為だけが残ります。或る人は「さわやかな風が吹いている」と評しましたが、心地よさだけが残ります。これは、まだ記憶も曖昧な幼いころに主として親から受けた温かな記憶、「具体的場面は浮かんでこないけれど、大事にされた感触だけは残っている」、に通じます。と言うより、同じものであると思います。

親の子に対する愛は、表面的にはともかく、その基底にあるのは、見返りを求めることのない、そして子どもに負債感を負わせることのない、純粋に一方通行の贈与です。でも、成長した子の側には、親（をはじめとする家族、地域、周囲のおとなたち）に世話をしてもらった、そのおかげで大きくなったという思いはあるし、恩を返したいという気持ちも起きるだろう、負債感とまでは言わないけれど、誰に贈られたかははっきり覚えているのではないか、と思われるかもしれません。しかし、それは記憶に残るようになってからの時期のことで、それ以前の、親に最も依存していた時期の記憶はほとんどないはずです。まして胎児のころの記憶はまずないと言っていいでしょう。さらに、記憶に残るようになってからも、人は忘れます。誰かに贈られたことを忘れていることは数多くあるに違いありません。けれども、忘れるということは、その事実がなかったということではないのです。（胎児のころを含めて）幼年時代を振り返れば、個々の記憶は定かでないものの、温かい気持ちが湧いてきませんか。あなたは大事にされていたのです。

ぼくは、この時期があるからこそ、そして温かい思いを感じることができるからこそ、人は成長して同じように親となり、同じように子を育てるのだと思っています。自分の子ども時代と同じように、我が子にも温かい思い出を持ってほしいのです。純粋贈与のリレーがなされる理由です。

ただ、不幸にも、幼い時代を思い浮かべても温かい気持ちの湧いてこない人もいることでしょう。親（おとな）との関係で辛い目に遭ってきた人たちです。その人たちはよき親とはなれないのでしょうか。否。断じて、否です。もうひとつ前の時期、胎児だったころ、すべて人は母親に愛されていました。意識の上では望まない子として妊娠したとしても、母親の身体は子を愛していました。異物である胎児を長い期間にわたって育んだのです。愛がなくして、どうしてそんなことが可能でしょう。生まれてきた限り、愛されなかった子どもなど存在しないのです。思い出すことは不可能に近いかもしれないけれど、無意識の底のまた底を探ることができたとすれば、温かな記憶が誰にも間違いなく姿を現します。

加えて、人は自覚することができます。幼いころに辛い記憶しかなかったとしても、親となったとき、子とのかかわりにおいて、自分は温かい思いを残せるよう意識して行動することができます。純粋贈与は無意識の行為ですから、意識的に無意識を行うことは難しいことでしょう。でも、自覚しながら、かつ構えずにいることができるのなら、このパラドックスも解決できるはずです、人間というものは。子どものころ辛い目に遭ったのに、すてきな親となった人は、周囲におおぜいいます。そんな人の話は聞いたことがないというのは、昔の出来事を感じさせないほど、その人がすてきな親であるからです。

教師の話をしていたはずなのに、親子の話に変わってしまいましたが、ここまで来たためにまた思いついたことがあります ―― 意識的に忘れるという二律背反的な行為が、教師（おとな世代）の子ども（世代）に対する贈与を、負債感を残す、無限の拡大へとつながる贈与交換から免れさせ、心地よさだけを残す純粋贈与へと変貌させるのではないか。そして、そこに純粋贈与のリレーが始まるのではないか。

これは困難な道ではあります。忘却は自然に、つまり無意識に起こることですが、それを意識的に行え、というのですから。意識的に無意識を行うことは矛盾しています。どう考えれば、可能になるのでしょうか……。そこで最初に戻るのですが、交換を誠実に行うことが純粋贈与につながるのではないか、と思うのです。

教師は子どもに伝えたいと思っています。しかし、「子どものために」が過剰になると、どうしても押しつけがましくなります。挙げ句、「これだけしているのに、なぜ応えてくれない」ということになってしまうかもしれません。これでは、贈ろうという気持ちはあっても、純粋贈与ではなく、相手に債務感を持たせてしまう贈与になります。息苦しい贈与交換が始まることもあります。贈与というより、強制すると言った方が正確でしょう。贈与だと意識すると、どうしても「私が（贈る）」が抜けないので、ほんとうの贈与にならないのです。

そこで、交換です。交換は、対等な二人の間に成立します。互いに得るものがあるから、どちらにも負債感は生じません。店主は、客が喜ぶように、そして自分も喜べるように商品を用意し、交換に徹底します。行為の内容自体は、交換も贈与も同じです。ただ力点のあり場所だけが違っていて、交換は商品と対価のやりとりに置かれ、贈与は「私が贈ること」に置かれます。だから、行為から「私が」を抜いてしまえば、結局は純粋の贈与となるのではないかと思うのです。

交換されるものは、教師の働きかけ（主にたのしい授業）と子どもの笑顔です。制度としての学校のレベルを考えに入れていませんので、ここでは、教育労働と賃金を交換するという捉え方はしません。ただ、教職を単なる職業のひとつだと理解している教師がいたとしたら、交換されるのは労働と賃金だと考えているでしょうから、労働だと割り切っている分、教育行為によけいな思い入れはなく、子どもに「伝えたい」という気持ちが特に強いわけではないので、子どもに負債感をもたらさないかもしれません。でも、それは結果的に言えるだけのことですし、だいたい賃金のことしか頭にないという教師はまずいないでしょう。ここでは、途中で言ったように、教師個人のレベルで考えることにしていますから、労働と賃金の交換は問題とせず、教師と子どもとの交換だけを見ていくことにします。

子どもの笑顔を求めるならば、子どもにうけることだけを目的とする、刹那的なことになるのではないか、と心配が生まれます。確かに、自分の儲けだけを狙う略奪的な商売なら、儲けさえすればいいわけですから、そうなるかもしれません。でも、本当の交換は「相手のために、かつ自分のために」です。うけを狙うだけというのは自分の得のためだけで、相手の得になっているかどうかは気にしないのですが、ほとんどの教師はそうなりません。なぜなら、教師は、根底に贈与の気持ち＝伝えたいを持っているからこそ教師になったのです。子どものことが抜けるはずはないのです。伝えて子どもが喜ぶこと、そしてそのことを自分が喜ぶことが教師の根本的な構えとなっています。

贈与しようという気持ちを底に持ちつつ、交換自体をたのしむようにすれば、「私が（贈る）」は忘れ去られ、純粋の贈与に近づくのではないか、というのがぼくの結論です。ただ、ときに根底に立ち戻らないといけません。何を贈りたいのか自覚しておかないと、交換だけではどこに向かうかわからないからです。以前、蟻の目と鷹の目の話をしましたが、同じことです。日常に全力を注ぎながら、ときどき立ち止まって非日常から見渡してみなければなりません。意識的に無意識を行っているのだという不自然さまで忘れてしまう事態は避けるべきだと思います。

優れた教師は意識せずとも純粋贈与を行っています。いや一般の人でも、意識していないときほど、行っているかもしれません。意識したとたんに崩れてしまうことも、よくあります。自分の話で、しかも話が逸れるようで恐縮ですが、高校生のとき体育の授業で走り高跳びをしていると、教師から「いい跳び方をしているから、みんなに見せてやって」と言われたことがありました。そこで跳んでみたところ、かなりぎこちない跳び方をしてしまい、それ以来、元のいい跳び方には戻らなくなりました。別に走り高跳びがぼくの人生の中心になるわけではありませんから、どうでもいいことなのですけれど、意識するとできなくなるという見本みたいな出来事です。競技者はこの「意識したときのぎこちなさ」を、繰り返し練習することによって「意識して滑らか」にし、さらに「意識せずとも滑らか」という状態にもっていくのでしょう。同じことが、交換を純粋贈与とするときにも言えるのだと思います。

「意識したときのぎこちなさ」は、人に何かを語るときにも生じるものです。意識下にはあるけれど意識には浮かんでこないものを言葉にするのは、意識した瞬間に純粋さが消えてしまうことになりますから、おかしなことなのかもしれません。でも、ぼくには言葉で伝えるしか術はありません。だから、できるだけそのときの感覚に沿った言葉を選んで記していくだけです。うまく思いが伝わればと思いますが、そうならないときはぼくの意識下から汲み出す力の至らなさのせいです。それを補うために、あなたの想像力を最大限に働かせてもう一度お読みください。もし、なるほどと思える箇所が少しでもあれば、幸いです。そして、その瞬間、ぼくの手紙であるとは忘れてください。ぼくの行為が純粋贈与に近づきます。仮に少しでも債務感が残るなら、次の世代に返してやってください。それが「贈与のリレー」です。

最後になってしまいましたが、けいちゃんの写真をありがとう。「お腹いっぱい」の笑った顔、すてきです。二カ月目の写真と、わずか四カ月たっただけでずいぶん違うものですね。目・耳・鼻・口・全身、感じるものすべてを吸収していっているから、こんなに早く大きくなるのでしょう。お母さんだけでなく、誰が見てもかわいいです。大学のときの先生が「孫は無条件にかわいい」とおっしゃっていましたが、ぼくもけいちゃんから見ればおじいちゃんの歳だから、ただもうかわいいと思うだけです。我が子の場合であれば、もちろん善意からだし、必要には違いないけれど、親はどうしても「かくあるべし」を強く持って子どもに臨むから、ただかわいいですまないことも多いのですが、孫の場合は直接自分に責任がかかってこないから、目を細めて見ていればそれですむのでしょう。あなたはお母さん、「かくあるべし」と育てながら、かわいいと思ってください。ぼくはおじいちゃん（の年齢）、何をしても笑って見ています。

十七年四月二十六日付（四月八日受）

28　〈大いなるもの〉を思う

今日お話ししようと思うことは、直接教育に関係する話ではありません。けれども、ぼくのものの考え方の根幹です。基の基のところにも触れておいた方が、子どものことや教育のことについて語るためにもいいのではないかと思い、お話しすることにしました。ただ、実感が持てないとわかりづらい話になるかもしれません。どうぞ想像を膨らませながら、ゆっくりとお読みください。

この前は、先の世代から贈られた贈与を次の世代に贈る「贈与のリレー」の話をしました。しかし、贈与といっても、贈与する主体は人に限りません。ぼくたちはありとあらゆるものから贈与を受けています。動物や植物、無生物も、果ては観念に至るまで、ぼくらに贈りものをしてくれます。自分の野生を抑えてまで目の代わりとなってくれる盲導犬に導かれる人がいます。見上げる大木に「元気を分けてもらおう」と手を触れる人がいます。山陰から昇る朝陽に見入られて自死の思いを退けた人がいます。ふと手にした文庫本の一節に足下を照らされ進路を変えた人がいます。

そのとき、相手が人でないためにかえって、贈与されたという思いはあっても、負債感までは浮かんできません。相手に「人格」を見ないせいでしょうか。人の場合は、「どういうつもりでしてくれたのだろう」などと考えてしまいますが、人でないだけに「魂胆」を見なくてすむからでしょうか。負債感がないため、自分が贈与する側に回ったとしても、贈与交換に陥る可能性は少ない気がします。

人からの贈与なら贈与してくれたのは明らかに人ですが、人でないものからの贈与の場合、人はそのものの背後に、何かしら在るように感じるのだけれど捉えきれない働き・存在――ここでは〈大いなるもの〉と呼んでおきます――を感じるかもしれません。ただ、向かい合うものではなく、包み込んでくれるようなものです。個々の贈与はつまりこの〈大いなるもの〉からの贈りものだと捉えられます。これは、債務感を起こさせない純粋の贈与です。

〈大いなるもの〉は、各宗教で「神」と呼ばれるものではありません。そういった神は人に対峙する人格を持っています。ずっと沈黙しているように思えても、いつ・どこでかはわからないものの、語りかけ応えてくれる可能性のある存在です。それに対し、〈大いなるもの〉はいっさい人に語りかけませんし応えてもくれません。ただ見ているだけです。交わらないという意味では存在しないも同じことですから、先ほど〈大いなるもの〉から贈与を受けていると言いましたが、それは人側の勝手な思い込みにすぎないと言われれば、言い返すことはできません。「見て（くれて）いる」と感じられるかどうか、そう思えるかどうかで決まるということで言えば、信じるか信じないかで決まる宗教と同じになります。ただ、神の場合は戒律（またはそれに準ずるもの）が生まれてくるのに対し、〈大いなるもの〉の場合、そういったものは問題になりません。単純に、〈大いなるもの〉を感じられるかどうかという一点だけが肝心です。

ここでは、〈大いなるもの〉を前提にして話を進めますから、あなたが実際に感じられるか否かは後回しにして、感じられたものとして先を読んでいってください。その前に、ひとつ断っておきます。〈大いなるもの〉を感じるからといって、ぼくはいかなる宗教の信者でもありません。仏教徒や神道信者ではないし、クリスチャンやムスリムとも違います。神への信仰を持っているわけではないのです。仏教や神道には通じるところがあるかもしれませんが、キリスト教やイスラムの教えとは、神の捉え方が大きく異なっています。友人には「土着ニヒリズムの影響を強く受けている」とからかわれますが、無＝神論者だと思っています（なぜ「＝」を入れたかは後で）。十五歳のとき初詣に行って以来、神社仏閣で願ったことも、教会で祈ったこともありません。正直に言えば、何かにすがりたい気持ちになったことは何度かありました。しかし、神や仏に祈り願うことは必死で避けました。ふだん見向きもしないくせに、自分が困り悩んだときだけ手を合わせるというのがどうにも我慢ならなかったからです。

けれども、だからといって、すべての手を合わせる行為を否定するつもりはありません。頭の中で寺社・教会をないものにしたとしても、現に目の前で合掌する人を止めようとか罵ろうとかは思いません。手を合わせるに至った思いは、誰に否定することができるでしょう。なかには形式的に礼拝するだけの人もいるかもしれませんが、手を合わせる瞬間にはその時点でのそれぞれの必死の思いがあるのです。それは何よりも純なるものに違いありません。それぞれの信心は尊重すべきです。こう思うのは、手を合わせたその瞬間の姿の向こうに、手を合わせた人は神だと思っているだろうけれど、ぼくはさらにその向こうに〈大いなるもの〉を感じるからかもしれません。信仰が必要だとは思いませんが、〈大いなるもの〉を感じる心はなくてはならないものだと思っています。

〈大いなるもの〉は、誰もが幼いころに感じるものではないでしょうか。ぼくは、十二歳のころまで夜、横になると、その日気が咎めたことを謝り、二度としないことを誓い、次の日はよいことが起こるよう願っていました。自分の欲を満たすことばかりだったし、誓いは破ってばかりいたのですが、毎日繰り返していました。そのとき祈っていたのは〈大いなるもの〉です。もちろん、当時そういう名称を与えていたわけではありません。ただ「かみさま」と呼んでいました。でも、両親が特定の宗教の信者だったわけではなく、宗教的雰囲気のない、日本のごく一般の家庭でしたから、神でなかったことは確かです。十三歳のころ、理由があったわけではありませんが、いつの間にか祈らなくなりました。

幼いときに限りません。志望校の合格を祈願して合掌することはあるでしょう。親になれば、我が子が大きな病を患ったとき、恢復を願って祈りを捧げるでしょう。歳をとって死に瀕して、安らかな死を心から願うでしょう。ふだん特定の信仰を持たない人も、手を合わせます。神社で、寺で、教会でと、場所を問いません。無節操と言われようが、よき方向へ向かうようにという思いは純粋なのです。そのとき心の中に思っているのは、無節操な人には特定の神はいませんから、何かしら大きな力を持ったもの、つまり〈大いなるもの〉に他なりません。また各宗教の信者たちなら神に祈るでしょうが、そのときの相手は人格を持った神というよりも、ただすがりたいという気持ちからの祈りですから、神の向こうの、やはり大きな力を持った〈大いなるもの〉のような気がします。誰もが必死で「よるべなき合掌」を行うのです。余裕があるときのさらなる欲望充足のための祈りは邪な気がして否定したくなりますが、よるべなき合掌は信じることができます。純粋な、混じり気のない、ほんとうのものだと思います。そこにあるのは〈大いなるもの〉への想いだけです。

だが、その「信心」を、自分がそれで救われた思いがしたからといって人に勧めるとき、〈大いなるもの〉を確定させるために、それに姿形を与えます。つまり、在るとは感じても摑むことはできない無を有化してしまうのです。人格神であれ、機能神（罰も当てる）であれ、生き神様であれ、周囲から際立つはっきりとした有るものにしてしまいます。「これが神だ」と説明するのです。そして多くの場合善意からであるとはいえ、「奇跡」を根拠に現世利益で誘引し、信ずる仲間を増やそうとします。

教団組織ができると、もとの、或る個人が〈大いなるもの〉に出会ったときの思いとはかけ離れた信心になります。まず、彼らの神を信ずる者と信じない者という、内と外の区別ができます。このことは宗教組織に限らず組織全般に言えることですが、神を中心に置くために求心力が強くなり、教団では内と外の間によりはっきり一線を引こうとします。同心円を拡大していく形で組織を広げていくときも、常に内と外を意識します。同じ神を信じる者が同胞であり、そうでない異教徒の存在は許しません。自分たちの神が絶対ですから、それを信じるようになる自由は認めるけれど、他の神を信じる自由は認めないのです。認めないと言うより、「信者」にとってそんな自由は端からないのです。極端な場合には、積極的に異教徒を殲滅しようとします。外にいる者を非 ― 内部あるいは反 ― 内部と見なして、存在することすら認めていませんから、その存在を抹殺しても平気なのです。ときには殺戮を賞賛することさえあるほどです。これまでの宗教間、宗派間の戦争や紛争、わかりやすい例では、十字軍を思い起こしてください。

また、神が中心に置かれるために、内部では中心からの距離で値打ちが定められるようになります。中心に近いほど価値が高いわけです。やがて必然的に、組織を運営する幹部たちが最上級に置かれ、実質の中心となるでしょう。神の威光を借りて、幹部が教団を支配するようになるのです。極端な言い方をすれば、神は差別の原因です。他の権威は、当然のことながら認めず、異端として排除します。特に、自分たちの唯一神以外に中心を置くような説には弾圧を加えて、抹殺しようとします。これもキリスト教の例ですが、地球を中心から外したコペルニクスは弾圧を恐れて著書の出版を死後にせざるを得なかったし、ガリレオは宗教裁判で「それでも地球は動く」とは思ったものの地動説を撤回しなければならなかったし、ことにブルーノは、地球を中心から移動させるどころか、宇宙に中心などないと主張し、無数の太陽系を考えたため火炙りにされました。

ここまで唯一の神を抱く宗教、いわゆる一神教を念頭に考えてきましたが、かつて「宗教は、アニミズムから多神教、多神教から一神教へと発展する」という説があったそうです。でもこれは、一神教であるキリスト教の圏内に生まれ育った研究者の自己中心主義の現れだと思います。神がはっきりするほど、数が少ないほど発展しているのだというのは、自分たちに合わせて歴史をつくったようなものです。言い古されたことですが、馬が神を持つならば、その神は馬の姿をしていることでしょう。各宗教のどれが進んでいる・優れているということはありません。それぞれの地域に応じて、それぞれ生まれてきたものです。中心を置くという発想は、政治権力と結びついたとき、現権力の肯定、反対派の弾圧・排除の態度を形成しますが、むしろ、多神教やアニミズムの方が、かつての国家神道のように時の権力者が一つの神を最高位として神々の階層をつくり実質の一神教としてしまわない限り、中心を持たないという点で多様性が認められ、平和につながるかもしれません（ただ、一神教ではない仏教徒も、他宗教、異なる宗派に対して弾圧を加えた歴史があります。多神教であるから必ず平和、とまでは言えません）。

人に負債感をもたらすのは人格を持ち、人に対峙する神、つまり一神教の神です。この神は、妙な言い方ですが、人に負い目を持たせることを好みます。またまたキリスト教に例をとりますが、アダムとイブが神の命に背いて林檎を口にしたということで、その子孫は原罪を背負うことになりました。ペテロは、イエスのことを一度「そんな人は知らない」と言ったばかりに、後ろめたさを感じて布教の旅を続けることになりました。

特定の宗教に出会わなくとも、人はいつかどこかで必ず、人智を超えた何かしら大きな存在・力、ぼくの言う〈大いなるもの〉を感ずるものだと思います。そのとき、〈大いなるもの〉を自分に対峙するものとして捉えれば、神に人格を見ることになりますから、その贈与に対して負債感を持つことになります。でも、対するのではなく、包まれていると捉えるなら、人格神ではありませんから、負債感は持たなくてすみます。最初の単純素朴な、〈大いなるもの〉を想う心のままあることはできないものでしょうか。〈大いなるもの〉に形を持たせるから、それを信じる者と信じられない者との間に断絶が生まれるのです。だとしたら〈大いなるもの〉を形のないまま置けばよいのではないでしょうか。形がない、つまり無です。「無＝神論」とした理由はここにあります。無を神とするという意味で、ぼくはニヒリストということになるでしょう。全てが相対的であり、絶対的な根拠はなく、それゆえに虚しさを感じるけれど、でも同時に〈大いなるもの〉に包まれている幸せをも感じます。

言葉にすると、形を与えることになり、在るものが本来在るものから遠ざかってしまいます。ぼくの言う〈大いなるもの〉も、そう名づけたときには既に本来のものそのものではないでしょう。しかし、言葉にせず伝えることは常人には不可能です。言い切れるものではないとわかっていても、言葉で伝えるしか道はありません。できる限り想いに近い言葉を使って描いたつもりです。ただし、「こういうものである」と確たる考えを伝えたかったのではありません。そう書かれているところから、それがきっかけとなって、あなたが自分の考えをまとめていく、築いていくことがいつだって望みです。イメージの湧きにくい文章だったかと思います。よければもう一度、思わず手を合わせるときの心を思い出しながら読み返してみてください。

先日、一年生が「がっこうたんけん」ということで、理科室にやってきました。ちょうど空き時間だったので、ブタンガスの実験をして見せました。炎を上げた試験管を、手を添えてやって持たせると、炎が大きくなるのに驚いていました。数日後、一年生は給食参観があったのですが、その帰り、お母さんと理科室の横を通った男の子が理科室を指して「ここ、おもしろい」と告げていました。それを陰で聞いて、「よしっ！」と思わず拳を握りしめていました。けいちゃんもあっという間に大きくなりますよ。おすわりができて、ずりばいを始めたというのだから、世界をどんどん吸収しています。お隣の、「パパ」という名の大きな子どもも。

十七年五月二十七日付（五月十四日受）

29 ヒューマニスト《人間中心主義者》からヒューマニスト《ただの人間》へ

この前の手紙で、ぼくはニヒリストであると書きました。無を神（〈大いなるもの〉）と捉える点で無＝神論者であるのですが、「一切は虚しい」と虚無に捕らえられたわけではありません。「だからこそ全てあり」と虚無ゆえに創造（自己超克）が可能だと考えています。「私は私の事柄を無の上に据えた」のです。

宗教教団に否定的であることもわかったと思います。なかには、〈大いなるもの〉を感じることを大事にする人たちもいますが、たいていはそれに人格を持たせて「神」へと実体化させ、それを信仰することを説くからです。彼らは、異端は認めません（認めないものを異端とすると言った方が正確でしょう）。異教徒に関しては、こちらの信仰に入ってくる者だけを認めます。宗教的寛容とかいうものは、自分が上に立ち相手を赦してやることであって、対等な存在として認め合うことではないような気がします。

神を中心から外してしまえば、いや、そもそも中心というものをなくしてしまえば、異端はなくなります。異教もありません。すべてが異端といえば異端、中心といえば中心です。差別も傲慢もなくなるでしょう。自分（たち）が中心であるなどと思わないことです。しかし、中心はすべての基準でした。言い換えれば、存在の根拠でもありました。中心を失うと、基盤を失い、人は不安になります。いっさいが宙に漂っている状態で、確固たる足場は見当たりません。これがニヒリズムです。

そこで逆転させるのです。宙に浮くということは、何ものにも縛られないということ、自己を中心にものごとを捉えていけばいいということです。そういう意味でエゴイズムと呼べます。ただし、この自己はおのれの欲望ではありません。そんなものを中心に持ってきては、他のものを欲望充足の手段として呑み込むことになってしまいます。自己中心といっても、欲望を主張し拡大することではないのです。自身の卑小さを知り、開き直るのではなく受け容れたうえで、自分自身を恃みます。単純に中心に据えるわけではありません。否定したうえで、否定したまま肯定するのです。そういうエゴイズムです。

他者とのかかわりに関して言うなら、他者もまたエゴイスト、自分と対等の存在です。そう認めない限りは、つまり自分を上に置く限りは、他を見下すだけの、世間で言われる自己中心主義のエゴイストに過ぎません。かかわりにおいてはどちらも、自己を大切にするエゴイストとして対等に交わらなければなりません。それは、十分に可能です。いずれも、いったん存在の根拠を否定しているので、絶対的な上下などないことはわかっているからです。相手をモノと見るのではなく、対等のエゴイストと見て、どちらも自身をたのしめるようなかかわり方ができます。

　ところで、神の存在は現代において、その影が薄くなってきています。では、中心には何もなくなってしまったのかというと、そんなことはなくて、神の代わりに「人間」が置かれるようになっています。「人間中心主義《ヒューマニズム》」です。神の希薄化に対する反動から原理主義が勃興しているようですが、「〇〇教原理主義」と呼ばれるものの場合、人間中心ではないといっても、神の言葉とされる書物に忠実であるということであって、神を中心に据え直したというのとは違っているように思います。

　西洋キリスト教圏では神は死に（殺され）、それと並行してヒューマニズムが興りました。人間を中心に、「人間」を基準に考えようというのです。道徳的に言えば「人倫」でしょうか。人の道に則って生きるべきだ、人の道に反したことをしてはいけないと教えます。ですが、この考え方はともすると、他の生物を人間の道具と考える傲慢な人間至上思想に陥りがちです。そもそも根源は、神が人間を他の生物の支配者と定めたことに発するのでしょうが、神がいなくなっても、人間は進化の頂点にいると捉えられています。でも、現存の生物はみなそれぞれの種の進化の最先端にいます。ヒトを頂点に階層が形成されているわけではありません。それに、進化は進行しているものです。ヒトもまた乗り超えられていくものであって、最終到達点ではありません。にもかかわらず、ヒトが他の生命をまるで自分の手段であるかのように扱うのは——たとえば生物の多様性を護れ、環境を保全しろなどと言っていますが、そう主張するのはつまりヒトが生き延びていくために必要だからと考えている人も多いのではないでしょうか——思い上がり以外のなにものでもないように思います。

それに、だいたい人倫とは何なのでしょう。神が得てして人間の願望の投影であるように、人倫にも実体はないのです。神はそのときどきで都合のよいように語られましたが、人倫もまた恣意的に読み取られるものに過ぎません。人が向かい合うところに、昔は人間のような姿をしたものがいたけれど、いまはたいそうに飾られた人間という標題の記された（中は白紙ばかりの）書物が置かれているだけです。形あるものに跪拝するという点では以前となんら変わりありません。ヒューマニズムを力説する連中はそのうち、かつての善意の宗教者がそうなったように、教条主義に陥るでしょう。すべてを人間基準で測り、人間化されないものを認めない頑迷な人間中心主義者となるのです。

人間中心主義《ヒューマニズム》を放棄してはどうでしょうか。人間こそが地球を支えるなどという発想を棄てるのです。まずは進化の頂点として捉えるのを止めましょう。ヒトもまた超え行かれる存在なのです。ここからはぼくの誇大妄想ですが、人工知能がヒトの進化の未来形かもしれません。機械じゃないかですって？　アトムのように意志や感情を持ったとき、それを機械と呼べるでしょうか。身体が有機物ではなく、無機物でできているというだけの話です。増殖しないですって？　子孫を残すには生殖しかないですか。ドラえもんのように工場で生まれるというのもありです。マザーコンピュータがすべてを支配するですって？　人工知能はもっと巧妙になるはずです。おそらく一つの中心から全体に指令が行くのではなく、ネットワークによって全体の意志が形成されることになると思います。『ターミネーター』にあるような、機械とヒトの戦いにはならないでしょう。巧みにヒトの上に立ち、ヒトが犬を家畜化したようにヒトを扱うことはしないと思います。『ブレードランナー』のように、ヒトとアンドロイドとが混在する社会ができるかもしれません。ヒトは『マトリックス』のように保存液の中で夢を見ることはなく、外を歩き回っていると思います。

新しい共生が始まるかもしれません。共生といっても、任意で選べるようなものではなく、互いになくてはならぬ、相手がいないと生きていけない在り方です。たとえば、好気性の細菌（酸素を使ってエネルギーを作り出す）が他の細胞の中に入り込み、ミトコンドリアと化して細胞と一体となったような関係です。思うに、人工知能がヒトをミトコンドリアとして呑み込んでしまうのではないでしょうか（逆ではないと思います）。文字通り一体化するわけではなく、別個に存在しているように見えるけれど、実は一つのものである生命体になるのです。

ぼくは人間中心主義者《ヒューマニスト》でありたいとは思いません。人間として他の生物を見下すことは避けたいと思います。すべての根底には無がありました。根拠がないということです。だから、或る生物が他の生物より優れているということはあり得ません。みな、それぞれ対等の存在であるのです。みな根拠はないのですから、逆に言えば、存在すべきでないものなど存在しません。人間に関して言えば、ヒトは他の生物の上に立つのではないけれど、等価値の存在として在って然るべきものです。ヒトはどうあっても自覚する人です。この事実からは逃れることができません。傲慢さは否定したうえで、自覚し続けたい、つまり人間でありたいと思います。人間は（神に代わる）万物の主人ではありません。しかし、一個の生命として他の生命と対等に、生きていく値打ちのあるものです。

そういう意味での人間の存在意義を教育において子どもたちに感じさせなければならないのではないかと思っています。人間は中心にいるから大事なのではなく、分け持った役割を果たすことができるから大事なのです。そういう意味でヒューマニスト《ただの人間》と呼ばれることに異存はありません。

教師には「ヒューマニスト《人間中心主義者》」が多いように思います。人間というものを根底から疑ってみることなく、性善説であれ性悪説であれ、絶対の存在であると受け入れ、価値判断の基準とする人たちです。その人たちに対しては、ニヒリストとして応じましょう。一切は空しいのです。子どもだって同じこと、無垢に善なる存在などではありません。子どもが即、悪だとも思いませんが、手放しの子ども礼讃には嘘くささを感じます（ただ、なかには素朴にただ礼讃する人がいて、その無邪気さはうらやましく思いもしますが）。実は、善なる子どもという理想を振り回しているだけで、それで現実の子どもを測ろうとするから、結局のところはありのままの子どもを認めていないような気がするのです。

ぼくはニヒリストであると告白しましたが、でも、やっぱり、子どもは好きです。ただの子どもが好きです。かわいらしいところも、にくたらしいところもあって、それでも思い返したときはかわいいと思えます。たとえば……

エビフライが大好物の三年生女子。給食では最後まで残しておいて、これからいよいよというとき、ぼくと目が合いました。にこっと笑って口に入れ、おいしそうに頬張っています。たこあげ大会の二年生男子。自分の作ったたこが空高く上がって得意そうな顔をしていました。ところが、出し切った糸が握り棒から外れ、たこが飛んでいってしまった瞬間、べそをかいています。ふだんは仲がいい同じ野球部の六年生男子。理由はわからないけれど摑み合いをして、引き離してもにらみ合ったままでした。なのに、帰り道では肩組んで歩いています。漢字の苦手な五年生女子。お母さんによると、寿司屋に行って湯飲みに魚偏の字ばかりでさっぱり読めず、困ったそうです。そのときから、漢字テストの成績はぐんと伸びました。二年生のクラスだったとき、子どもの消しゴムがなくなりました。状況からすると、どうも或る子が持っていったらしい。当人に確かめてみると、「ぼくじゃない」と涙を流して訴えました。「これは違うのかな。まずいことをした」と思ってしばらくすると、彼の机から消しゴムが落ちてきました。同じ子です。遠足の帰り道、林の中を歩いていると、「先生、お腹が痛い」「もう少し我慢できんか」「無理」「もう。あそこの草むら」クラス全員で待っていました。しばらくして、何にもなかったような顔をして戻ってきました。他の子たちも何もなかったような顔でまた帰り道を歩きました。

……思い出は尽きません。手放しの子ども礼讃は……と言っておきながら恥ずかしいのですが、でも、やっぱり子どもが好きです。後追いを始め、ママがいないとすぐに泣き出してしまい、おちおちトイレにも行かせてくれない、けいちゃんも大好き。

十七年六月二十四日付（六月十日受）

■アトム：手塚治虫作のマンガ『鉄腕アトム』の主人公であるロボット。
■ドラえもん：藤子不二雄作のマンガ『ドラえもん』の、主人公を助けるロボット。
■『ターミネーター』『ブレードランナー』『マトリックス』は、いずれも、未来社会を描いたSF映画。ヒトとロボット（もしくはアンドロイド）との対立が描かれている。

30　発達と生成

いつもけいちゃんの写真をありがとう。はいはいができるようになりましたか。ぼくの姪は、ずりばいのとき片方の脚をひきずったままだったので、みんな心配したのだけれど、はいはいする間もなくつかまり立ちをしていました。各人各様かな。けいちゃんは「世界の探索」を元気にしているようですね。毎回目を細めて写真を見ています。

長い休みということで、夜遅くまで起きていることが多いです。何を手紙に書こうか考えていて煮詰まってしまったときは、窓を開けて、ときには外に出て、夜空を見上げます。街の中ですから見える星はわずかなのですが、白鳥座などは真夜中天頂近くに十字だけが見えるので、ジョバンニはこの北十字を旅の途中で眺めるのかと、逆に思いを膨らませやすいです。

さて、今日お話しするのは、これまでの手紙でたびたび触れてきたことです。触れるどころか、主題にしていたかもしれません。教育に関するぼくの根本的な考え方の一つなので、もう一度まとめ直してみました。聞いてください。

教育とは子どもの成長を意図して働きかけることですが、成長という目で子どもを眺めた場合、成長には二つの相が考えられるのではないかと思います。一つは「発達」です。連続的・段階的に能力が伸びていく面です。四則計算ができるようになること、泳げる距離が延びていくことなど、個々の知識・技術が身についていくこと・能力が伸びることを思い浮かべてみてください。もう一つは「生成」です。非連続に飛躍的にレベルが移行する面です。乱暴に言い切ってしまえば、ものごとを全体的に捉えるときの視点が変わってしまうこと、より広く見渡せるようになることだと思ってもらえればいいでしょう。おおげさかもしれませんが、たとえば「世界観・人生観が変わった」と思えるときが該当します。

成長の二つの相を、思いつくまま対比させてみました。次のようになると思います。

発達	生成
有能性・有用性	生命性
できるようになる・役に立つようになる	在ること（生きること）の意味を感じる
できるようになるよろこび	在ることのよろこび
仕事―日常性	遊び―非日常性
目的を立て、実現に向け活動する	活動それ自体が目的
エロス	アガペ
或るものを目指す　憧れが原動力	そのままで認められている
連続性	飛躍性
段階　積み重ね	突然　不連続

歴史・期間	永遠・瞬間
過去ゆえに現在があり、現在が未来を築く	いま・ここがすべて
相対性	絶対性
目的からの距離が値打ちを決める	在ること自体に価値あり
他者と比較する	比べない
この世（こちら側）	あの世（あちら側）
価値は現世を生きることにおいて生じる	価値は絶対の世界に基づく
人間《じんかん》	触神
よく生きようとする基本的な生き方	絶対に触れ絶対を生きる

　発達と生成は成長において相即不離の関係にあります。とにかく生きていくためには知識・技術が必要です。それを獲得していかなければ、つまり発達していかなければなりません。しかし、なぜそういった知識・技術を必要とするのか。人は必要性以上の意味を求めます。ものごとの捉え方・考え方を身につけていかなければ、つまり生成していかなければなりません。生成が発達を支えていると言えるでしょう。でも逆に、知識・技術が身についていかないことには、捉え方も考え方も意味をなしません。発達によって生成の可能性が生まれてくるとも言えます。どちらに基を置くのかと問われればぼくは生成だと答えますが、発達と生成の両方が

揃わなければ十全な成長は望めません。

けれども、昨今、教育ということで取り上げられるのは、発達の相ばかりです。進学・就職に役立つといった個人的能力を伸ばす側面から、国際間の経済競争に勝つために会話能力を高めるといった社会が要求する側面まで、有能性・有用性の開発・増進の話ばかりが聞こえてきます。個人の視点からはより有能に生きるために、社会からは有用な人材を育てるために、発達させることがすなわち教育であると捉えられているかのようです。「在ることをたのしむ」生成はないがしろにされ、学校での様々な教育目的には「できるようにする」という文言が並んでいます。

ただ公学校が有能性の教育にとらわれるのは、つまりできるようになることばかり追い求めるのは、学校の誕生から振り返って考えるならば、おかしなことではありません。集団教育は、知識・技術を身につけさせるために出発しましたから、発達一色になっても不思議ではないのです。しかし、ぼくたちが子どものころまでは、有能性にとらわれない空間、生命性に触れられる場が学校外にたくさんありました。遊んだ場所を思いだしてみても、小さな多数の生命に出会うことのできた小川や草むら・林、何に使うのかわからない土管の積まれた広場、走り回ると犬の白骨を踏んでしまうような空き地……だから、生全体が有能性に傾いてしまい、総体としての生が歪んでしまうようなことは少なかったのです。ところが、そういう場所がどんどん効率性に侵食されていった結果、そして安全性ということで子どもを囲い込んできた結果、生の指標は有能性しかないということになりました。その最たる場所である学校は、できなければ評価されないところ、ありのままをたのしめないところ、したがって子どもたちにとって息苦しい空間となってしまったのです。

両方の車輪が揃っていないと、車は真っ直ぐ前に進めません。片輪だけが大きくては、その場をぐるぐる回るだけです。発達と生成、二つがあって初めて人は歪むことなく成長を遂げるのです。できるようになるかどうか、役に立つようになるかどうかだけを問題にしているのでは、子どもがおとなになったときが心配です。目的 ― 努力は人間の基本的な生き方である、だから発達を目指す、と認めたうえで、生成の不可欠さを訴えなければならないと思います。

いいですか、人は「できる」だけで生きているわけではないのです。ふだん生きているのは「できる」次元であるとしても、それを支える次元を人は持っています。「自分には生きる値打ちがある。生きていていいのだ」と、生きることのよろこびを感じる次元です。これは「できて嬉しい」と感じる次元とは異なるものです。

確かに人は、或ることができるようになったときよろこびを感じますが、それは目前のことができるようになったよろこびです。視線をもっと先に向ければ、まだまだできていないと感じざるを得ません。つまり、部分的なよろこびは感じられても、全体的には、特にどこまで続いているかわからない前途を眺めてしまえば、できたよろこびなどないに等しいものと化してしまいます。人は有限の存在なのですから、目的を更新し続けていく限り、絶対的なよろこびを得ることはできません。

それでも、人は生きていきます。できるよろこびしかないならば、それは些細なものでしかないし、それ以上に、いつも得られるとは限らないので、どこかで生きることを放棄してもおかしくありません。それでもなお、人は生きていきます。人生を投げ出したりはしません。これはつまり、できるよろこびではない、別の次元のよろこびを人が持っているからこそではないでしょうか。挫折を繰り返している、果てしない前途を前にしたときに卑小さを感じる、どうあってもできないと思える。にもかかわらず、「生きていこう。それはただしいことだ」と思わせるものを人は持ち合わせているのです。「できる」だけでない生きる意味・よろこび――ぼくが「生命性」と呼んできたものです。

日常暮らしている次元は有能性の次元です。できるようにならなければ生きていけないから、また社会もできることを要求してくるから、有能性の教育、発達を目指した教育は、特に取り上げなくともなされるものです。心を配る必要があるのは、生命性の教育、生成を扱う教育です。成果が日常生活に目に見えて現れるようなものではないため、ついつい見過ごされてしまいがちですし、そもそもそんな教育があるのかと思われることが多いでしょう（「心の教育」とか言う人はけっこういますが、たいていは子どもに特定の徳目を押しつけようとするものです。知識として扱っていますから、発達に入れられることはあっても、生成とは相容れません）。個人任せでほったらかしということも多いように思います。

発達に対して生成を立てたものの、発達には因果律があるので完全とは言えないまでも操作が可能ですが、生成はいつ、どこで、どんなふうに生じるのか予測がつきませんから、操作することは不可能です。確かに、そんな意図的に扱えないものをどう教育に取り込むというのか、という話になるでしょう。けれども、生命性を育てることは人間の生にとってなくてはならないものです。意図的に操作できないからといって放棄するのではなく、にもかかわらず、いや、だからこそ、意図的な教育の中に、生命性の教育が成立する可能性を開いておかなければならないと思うのです。

意図的に操作できないものを意図的に扱うという矛盾したことをしなければなりません。そのためには「遊び」を考えるのがいいのではないかと思います。というのは、遊びは行為すること自体を目的にするので、できるようになるとか新たに知るとか、外部に目的を持つ発達とは異なっています。遊んでいる瞬間を大事にするということは、生成の「いま・ここ性」（いま・ここに在ることをたのしむ）に通じるからです。

だいたいにおいて、どんな人もふだんから遊びの時間を持っています。真面目くさって働く人も、有能性・有用性だけで生きているわけではないのです。働いてばかりに見えたとしても、そのときは、働くことを遊びに変えています（何かのために働くのではなく、働くこと自体をたのしむ）。遊びは、役には立ちません。何かができるようになるわけではありません。にもかかわらず、人は遊びます。日常の仕事を支えるためには、非日常の遊びが必要なのです。ただし、「仕事のために元気を取り戻すことを目的に遊ぶ」という意味とは違います。繰り返しますが、遊びはそれ自体が目的であって、他のことの手段とはなり得ません。

遊びには人間の本質があります。確かに目的—努力は人間の基本的な生き方ですが、有能性・有用性のために生命性があるわけではありません。逆です。生命性が底にあって支えて初めて、有能性・有用性は成立するのです。生命性を軽んずることは生そのものを薄っぺらで貧しいものにしてしまいます。生成という観点をもっと大事にしなければなりません。

教育において遊びを成立させるというのは、ふだん「遊び」と呼ばれている特別の行為をするということではありません。行為すること自体を目的にするのが遊びですから、どんな行為であっても遊びにすることができます。授業も、何かの知識・技術を身につける・できるようにするという目的を外してしまえば、授業自体をたのしむ時間、つまり遊びに変えることができるはずです。

ただ、公学校というところは、先ほども述べたように元来、有用性—有能性を高めることを目的としたところです。教師は、何よりも子どもをできるようにさせることを求められるでしょう。遊ぶことなど二の次、時と場合によっては目の敵にされます。そういう状況でどうやって遊ぶか。これは難しいことのように思えます。

でも、存外容易であるかもしれないという気もするのです。学校はそもそも集団的に教育した方が、効率が上がるとしてつくられたところですが、そのために日常生活とは切り離されたた形で成立しました。これはつまり、日常時間から切り離された非日常的な空間であるということです。それゆえ学校は、潜在的にではあるけれど本来的に、非日常という遊びの本質を持つことになります。「いま、ここをたのしむ」という生命性の方向をも有しているのです。だから、何かができるようになるために教育するという仕事の観点だけではなく、教育する（教える ― 学ぶ）こと自体をたのしむという遊びの観点を持つことは、想像するよりもたやすいことだと思います。

社会がより複雑に分節し、より高度の有能性が要求される時代です。発達の教育はより強化されていくでしょう。生命性が有能性にさらに侵食される事態を引き起こしかねません。そんなときだからこそ、ぼくはなおさら、生命性を開く生成の教育を強く主張したいのです。目的を教育活動の外にではなく、教育活動それ自体に求めましょう。活動自体が目的というのは遊びです。教育を遊びにしましょう。

けれども、政治権力が学校を抑えている公教育体制という状況下にあっては、教育を遊びにしてしまうことはやはり公には認められないでしょう。校内に問題が生じたとしても、権力は有能性の方向で解決を図るはずです。できない子どもをできるようになるまで教えようとするのです。このとき、望んでもいないことを無理にできるようにさせられる子どもの苦痛は、考慮されることがありません。公学校の理念では、できるのは疑問の余地なくいいことに決まっているからです。権力が、また世間が賞賛するのは、子どもの思いとは関係なく、子どもの有能性を伸ばした教師です。

したがって、教育を遊びにするのは現場の教師があくまで私的にすることになると思います。有能性の教育の皮を被って、こっそり生命性を伸ばすのです。ちっぽけな反抗にすぎないことは確かでしょう。けれど、その反抗に浴する子どもにとっては有能性の底の生命性を感じることのできる数少ない機会になるに違いありません。それだけでも大いに意義はあります。そしてもしも、多数の教師が静かな反乱を始めたとしたら、学校全体が変わらないとは言えません。もしかしたら社会変革の第一歩となるかもしれません。

ただ、意図せぬ変化の兆候が見えたときに、権力は遊びとしての教育を弾圧しようとしてくるでしょう。元来統制することのできない生命性は権力にとって都合の悪いものだからです。しかし、つぶされかけたら逃げればよいだけの話です、また隠れて始めればいいのです。権力から見れば学校教師は権力組織の交換可能な末端でしかありませんが、実際に教育を行っているのはその末端なのです。末端こそが最先端。革命は秘かに進行するのです。

以上のように考えましたが、有用性―有能性ばかりではだめだという強い言い方にしてしまうと、主張自体が役に立てようとしてなされたものになってしまいます。「遊ばなければならない」が遊びにはならないのと同じことです。有用性―有能性からいったん離れたところに生命性は成立します。この主張自体も遊びです……と言ったら、あなたはどう考えますか。

十七年七月三十一日付（七月八日受）

31　学校の原理「正統的周辺参加」と先生の原理「欲望模倣」

けいちゃんは間もなく「自立」できますね。テーブルに手を掛け、立ち上がってこちらを向いたときの笑った顔、たまらないです。成長の記録のように写真を送ってもらって、ぼくも勉強になります……というようなことはおまけで、その笑顔を毎回見られることが何よりうれしいです。

以前にも触れましたが、子育てと学校とは、そこで働く原理が違います。同様のことが、教師という在り方についても、それだけを取り出して見たときと、公学校という枠組みの中で眺めたときとを比較した場合には、言えると思います。

家庭で我が子を教えることと、学校で子どもを教えることは、それぞれ「家庭教育」、「学校教育」と、どちらも「教育」という名で括られますが、その出発点に働く原理は大きく異なります。まず、家庭教育の原理は我が子への愛情です。それは、ときとして親が自分の延長として子を愛しているだけ、つまり親の自己愛と変わらないことがありますが、基本的には我が子がよき人生を送れるようにという親の願いに基づいています。一方、学校教育は愛の原理では始まっていません。

こう言うと、「何を言っているのだ。子どもを愛しいと思わないで教育が成り立つはずがないじゃないか」と反論する人も多いでしょう。確かに、現実の個々の教師は愛情を持って生徒と接しています。しかし、学校本来の在り方からすれば、教師に愛情があろうがなかろうが、どうでもいいことなのです。公教育制度としての学校は、個々の子どもの成長ではなく、社会の要求に応えるような知識・技術を次世代に伝達することを第一原理とするからです。

教室での授業風景を思い浮かべてみてください。最近さまざまな形態が試されるようになったとはいえ、教師が複数の子どもたちを相手にするという基本形は変わりません。この形式は学校が成立したときからありますが、思うに、その思想的淵源は正統的周辺参加に求められます。

この「正統的周辺参加」とは何か。その内容は友人に教えてもらったのですが、元の言葉は『状況に埋め込まれた学習』（ジーン・レイヴ、エティエンヌ・ウェンガー著　産業図書）にあるそうです。ぼくが理解したところを説明すると……親方を中心とする工房に少年が加わるところを想像してみてください。少年は弟子として集団に加わることを正式に認められたわけですから、「正統的参加」です。しかし、当然のことながら、彼はまだ技術を身につけていません。最初は生産活動に直結しない下働きから始めます。生産の中心にはいない半人前ということで、「周辺参加」です。だから、集団に加わったばかりの少年の在り方が「正統的周辺参加」です。

修業するとはその工房に必要な知識・技術を学習していくことですが、最初は親方や先輩の仕事ぶりを見て、その技術をまねることから始めます。作業時間が終わった後、一人で練習していたら、ときには親方や先輩から助言をもらえるかもしれません。こうして、新規参加の弟子は技術を修得していき、やがて一人前の「十全参加」となります。すなわち、「正統的周辺参加」こそが社会的な学習の原型です。

集団の側に立って言うと、構成員に技能がなければ工房が成り立ちませんから、見習いたちに知識・技術を間違いなく、できれば効率的に修得させる必要があります。しかし、見て覚えるという形は、見て、まねして、自分で練習して、というわけですから、試行錯誤も多く、一人前の技術を身につけるには長い時間がかかります。そこで、誰が思いついたのかわかりませんが、一定の時間、作業を離れて、弟子たちだけを集めて、「ここはこんなふうにする」「こういう場合はこうする」と親方なり先輩なりが技術を指導するようになります。「こんなものかな」とまねするのではなく、「こうするのだ」と教えられるのですから、これは効率がいいです。特定の場所、特定の時間、複数の人間を集めて、一人が教えるということが始まりました。場所と時間を限り一対集団で業を授ける、間違いなく授業です。ここに学校の形が生まれました。

正統的周辺参加こそ学校教育の淵源である……というのは、ぼくの勝手な想像なのですが、実際、公学校制度の目的は、その制度が敷かれている社会の存続を意図して、そのために必要とされる知識・技術を子どもたちに伝達し、彼らをその社会の一人前の構成員にすることです。この目的は、工房集団での修業となんら変わるところがありません。行政的な流れはわかりませんが、思想的にはぼくの想像は妥当なように思います。

正統的周辺参加からの、いわば自然発生的な学校の形式があったところへ、産業革命を迎え成立してきた近代国家が、公教育制度として学校制度を組織します。目的は国民にさらなる産業発展を担いうるだけの知識・技術を習得させることにありました。富国策の一環です。それが証拠に、ドイツや日本など、遅れて近代化を始めた国の方が、公教育制度を確立させる速度は速かったのです。当初、就学率は低かったのですが、民衆もやがて、知識・技術を身につけないことには食べていけないようになる（身につけた方がたくさん食える）と思い始め、ほぼ全員が公学校に通うようになりました。

それからついでに、今日の話とは直接の関係はないのですが、公教育制度の目的はもうひとつあって、それは国家意識（要は「国家のために死ね」）を国民に持たせることです。つまり、国家体制を基本に考える人間、それも現体制を支持する人間をつくろうとするのです。こちらの方の最初の試みとしては、ヨーロッパ世界においては中世に国王が教会で文字の読み書きを教えようとしたことが挙げられると思います。民衆の間に文明を広げようなどという発想ではなく、聖書を読めるようにして、そこにある体制維持のイデオロギーを持たせようとしたのです。国家イデオロギーも当の社会集団存続のための、知識のひとつかもしれません。国家は国家意識を、国家としてのまとまりが強いときには敢えて口にするようなことはしないけれど、弱いときには強調するでしょう。

公学校制度は歴史的に見た場合、知識・技術の伝達を目的に始まったわけですが、それはいまも変わらぬ公教育の第一目的です。指導案に態度や関心の目標をあげたところで、子どもが公権力の求める知識・技術を習得するために必要な態度・関心に過ぎません。だから、学校教育を家庭教育の延長として捉えては、見誤ってしまいます。子どもを入学させる方は愛情でもって入学させますが、迎える方は社会の知識・技術を維持・発展させる媒体が来たと見ているのです。

次に教師という存在について考えてみましょう。やはり歴史的に見るならば、教えることを生業とする人は、学校制度の誕生以前に発生していました。以前話したことのある「ソフィスト」です。彼らは社会で生きるための知識・技術を雇ってくれた個人に効率よく伝えることをその業務としていました。このように最初は個人的、私的な存在であった教師ですが、やがて公学校制度の誕生とともに、教師と言えばほとんどが学校の中で働く公務員となりました。社会で必要とされる知識・技術の伝達を目的とするという点で、「ソフィスト」も学校も一致していますから、これは当然のことでしょう。

かくて現在、教師は学校で子どもたちに社会的知識・技能を教授しています。もし学校の教師が百パーセント正統的周辺参加の原理で動いていたとしたら、子どもに「あの先生は好き」

とか「この先生は嫌い」という思いはあまり出てこないように思います。同じ知識を同じように教えるだけならば、どの教師も、同じ作業を繰り返す、程度の低い段階のロボットですから、こなすということに関してはみな同じなので、比べようがないのです（作業効率が悪くて嫌がられことはあるかもしれません）。

ところが現実には、教師に対する子どもの好き嫌いは歴然と存在します。これは、教師が公的な作業ロボットとしてだけではなく、個性を持った私人としても子どもに出会っているためだと、ぼくは考えます。教師に対する好き嫌いは子どものその後の成長を大きく左右しますが、ここで働いているのは欲望模倣の原理です。これが先生の原理です。

「欲望模倣」とは、これも教えてもらった考え方なのですが、人間の本質は他人の欲望を模倣することであり、そうすることで本人にも初めて欲望の対象が現れる、とする考え方です（『欲望の現象学』〈ルネ・ジラール　法政大学出版局〉に出ているそうです）。ごく簡単に言えば、すごいと思える人が目の前に現れたら、その人を先生としてそのまねをする、ということです。たとえば、卑近な例で申し訳ありませんが、ぼくのクラスの子どもは、図書室で本を借りる際に、天文関係、神話関係の本を借りる率が他のクラスに比べて異常に高いです。これは、ぼくが授業中よく星の話をしたせいだと思います。話をおもしろいと思って、自分でも読んでみたい、もっと知りたいと思うようになった子どもが多い、ということです。つまり、子どもは先生のまねをするのです。「子どもは担任に似る」と言われることがあるのも、そのあたりのことを指しているのかもしれません（残念ながら、子どもたちの天文・神話への興味がその後どうなったか、はわかりません。子どもは卒業していきますから、その将来までわかることは稀です。でも、二十歳をこえた子どもたちの同窓会で、ぼくは「星の話をしてほしい」と求められました）。

子どもがまねをするのは、ぼくの例で明らかなように、教師の正統的周辺参加の役割で動いている部分ではなく、教師が一個人として見せる私的な部分です。教科内容に対する関心が強くなったときも、それが社会に必要とされる知識だからということではなく、授業をする教師がその内容に関して強い関心と、それゆえの豊富な知識を持っている場合が多いようです。学校が公的存在であったとしても、子どもは教師私人に惹かれ、先生と見なすのです（もちろん、その反対に子どもが避けるようになるのも教師私人です）。みごとに欲望模倣が成立しています。

ここまでをまとめれば、学校は公的制度全体としては正統的周辺参加の原理で動くけれど、その中の一教師との出会い（ぼくの・わたしの先生と呼ぶようになること）には私的な欲望模倣の原理が働く、ということです。教師は「人格者風ロボット」としての側面を行政から期待されていますが、子どもたちとは、単なるロボットとしては出会わず、さまざまな側面を見せる私人として出会うのです。その私人が子どもをひきつけるか否かは、参加している集団の中心への距離の近さ（公集団における権威）ではなく、自身の欲望の対象に対する関心の強さと知識の量（私人の思い入れ）で決まります。

現実の学校教師自身は、このような二つの原理を区別して認識していることはあまりないでしょう。個々の教師のほとんどは知識・技術の伝達を意識する以前に、愛情をもって子どもたちと接しています。そもそも教師には、家庭教育と学校教育との区別をしていなくて、どちらも同じ「教育」と見なしている人が多いのですが、これが幸いして、学校教育にも愛情が必要だと思っている人が大多数なのです。だから、制度としては知識・技術が身につきさえすればよしとするところを、教師個人は子どもの人格形成に至るまで、我が子に準じるものとして子どもたちとかかわっています。

教師の善意は認めるべきです。しかし、「よかれと思ってしているのだから、その行為はよいことなのだ」などと言うことは決してできません。善意と結果は無関係です。愛情が深ければ深いほど、なんとか身につけさせたいと、教師は知識・技術を注入する者として子どもたちの前に立つことが多くなるでしょう。加えて、あらゆる教育には愛情が必要だと思っているので、「学校教育に愛を」という体制側のプロパガンダに簡単に騙され、その本質を見誤ってしまいますから、制度の下請けを積極的にこなさざるを得なくなるでしょう。それは、国家イデオロギーを一生懸命注入することでもあります。既にある枠組みに従順であることを説くことになります。

社会で暮らしていくためにはその社会で必要とされる知識・技術を身につけなければなりま

せん。そのために公学校の教師として熱心になることは当然のことのように思えます。しかし、順応・適応だけが成長していくことではありません。革命、つまり破壊し創造することも成長です。そのためには、いま用いている知識・技術を一度否定して、いったん世界を開いてみる必要があります。既成の知識を注入することに躍起となるだけではいけないのです。まず公学校の目的が知識・技術の習得にあることをはっきり認識し、そして、そのことを職業とはしているけれど、既存の知識・技術を超えて成長するためには、現にいる世界を開くことが必要だ、と意識しましょう。これまでも触れていますし、別の機会に詳しく述べることにもなると思いますが、できるようになることだけが教育の目的ではないのです。

個人としての教師は欲望模倣の原理を強く意識する方が望ましいと、ぼくは思います。では、子どもに欲望模倣を起こさせるには（先生となるには）、子どもとどのようなかかわりを持てばよいのでしょう。今度は、かかわり方について考えてみました。

教師と子どものかかわりを教師の側から見たとき、教師が主体的造形者で子どもはその素材という見方もありますが、これは子どもの主体性を無視しているという点で子どもを馬鹿にした見方ですし、現実に子どもは意志を持っているのですから、もともと誤った見方だと言えるでしょう。しかし、「子ども命」と称して自身の全てをなげうって子どもに尽くすという在り方も、教師にも主体性があるというのに、それを棄ててしまって、経験・知識の少ない子どもに従うという点でおかしな在り方であると思います。

教師が主役で、子どもを素材として形作るのではありません。また、子どものために教師がすべてを投げ出すというのでもありません。中心が一つである円ではなく、焦点が二つある楕円を思い浮かべてください。一つの中心から命じたり一つの中心に奉仕したりするのではなく、二つの焦点が対等の関係にあるのです。だから、教師が自分の好きなことに子どもを巻き込むと言えばいいのでしょうか、それが先生と子どもの望ましいかかわり方のように思います。自分の好きなことということで先生の主体性はあるし、押しつけではありませんから子どもの主体性もきちんと尊重しています（押しつけにならないよう尊重しなければならない、とも言えます）。巻き込まれた子どもはそこで先生と同様の経験・体験をします。子どもはそこを転換点として、自身で自身を変えていくことになるでしょう。

先生の好きなことに対するその想いが強ければ強いほど、巻き込む力は強いと思います。ちょうど重力の大きな星ほど、周囲の星々に対して、その軌道に及ぼす影響が大きいようなものです。一度引きつけられた星は、相手の星の重力（と運動）を利用して新たな軌道を見つけていくことでしょう（スイングバイ航法）。なかには重力に捉えられて、相手の星の周りを回り続けるだけになってしまう星もあるかもしれませんが、これでは、師を超えることになりません。確かに、然るべき相手を見つけたのはすばらしいことです。でも、独立できないのは悲しいことです。ここは、師となる星の方に、どこかで重力を消してしまうということが、つまり先生が意図的に影響力を行使しない配慮が必要なのでしょう。「子分好き」の星はいつまでも重力を働かせますが、そういう人は師のように見えても、実はただの扇動者にすぎないような気がします。最高の師とは、子どもがその重力圏を遠く離れて夜空を見上げたとき、小さく輝いて見える星のようなものであるべきです。

ただ、公学校の教師にとっては、重力を消すことはそれほど心配するようなことではないかもしれません。なぜなら、子どもは学校を卒業していくからです。制度的に、離れてしまうようになっているのです。卒業後、子どもは先生の重力圏を離れ、自身の軌道を見つけることになるでしょう。ならば学校教師は、重力を増していくこと、つまり自分の興味・関心に忠実であること、そのことだけを意識していればいいと思います。

最後に蛇足ですが、現実的な注意を書いておきます。公権力の振りまく「教育愛」にだまされてはなりません。公学校はあくまで既存の集団の担い手を育成することを狙っています。だから教師は、効率よく担い手を作る、指示に忠実なロボットであればよいのです（すなわち人間の教師は、もっと効率のよい人工知能に早晩置き換えられる運命にあるということです）。ただ、「ロボットであれ」というのではあまりに露骨で、人間中心主義者たちから強い非難を受けるであろうから、「教育愛」を纏わせて、教師を「人格者（風ロボット）」に仕立てようとしているわけです。教員の超過勤務廃止などと言っておきながら、私の時間を削って「子どものために」奔走する教師を誉め讃えるのは、その現れです（残業を禁じるのは、もっと効率を上げろと言っているだけのことかもしれません）。公に強いられた愛など、愛と呼べるはずがありません。私人として起こる思いこそほんものです。あなたが自分の興味の対象に没頭し、重力を増されんことを。

十七年八月十四日付（八月五日受）

32　知識を伝えるソフィストと枠組みを問うソクラテス

夏休みも終盤、一年でいちばん学校に動きのない時期かもしれません。ふだん文章を考えるのは自分の部屋なのですが、今日は気分を変えてみようと、理科準備室でこの手紙を書いています。専科になって理科室は徹底的に片づけましたから、準備室はぼくの「仮設・研究所」です。冷房は効かないので、窓を全開、扇風機を強にして机に向かっています。今日は、教師の在り方を考えてみました。文章中に歴史上実在した人物たちの名前をあげていますが、これは学問的な考察ではありません。理念的に考えるのに実在の人物たちのイメージを借りただけです。念のため、予め断っておきます。

おそらく「最初の教師」というのは、自分の持つ知識を伝えることでその代価を得ようとした人たちだと思います。知識と金銭との交換をした彼らは「ソフィスト」と呼ばれます。現代の公学校の教師も、教えるのは教科書に載っている知識ですから、教えた相手から直接報酬を得るわけではありませんが、既存の知識を伝える者であるという本質は引き継いでいます。教師はソフィストなのです。彼らは社会公認の知識を子どもに教えるという仕事に取り組みます。それによって、子どもたちは社会の中で生きていく有能性を身につけていくことになります。

やがてソフィストたちの中に、「ソクラテス」が姿を現します。彼はソフィストたちと違い、既成の知識が確かなものであるのかどうか、疑うことを教えます。共同体の中にい続ける限りは、知識量は多くなったとしても、知識の枠組み自体を意識することはありませんが、ソクラテスの場合はいったん共同体を出ている（棄てている）ため、既成の枠組みをいわば外から眺めることができます。枠組みを対象化した彼は、一つの枠組みにとらわれることはなく、複数の枠組みを自在に渡り歩くことができます。

そのソクラテスの言に耳を傾けるということは、知識を成り立たしめている枠組み自体を問うこと、そしてその枠の中にある自身の在り方そのものを問うことになります。問うた結果、枠組みを信じられなくなることもあるでしょう。だから、ソクラテスの言葉は見返りを求めない贈与ではあるものの、安逸の枠組みを破壊することにもなりかねない危険な贈与なのです。こういった贈与を公学校の教師がする場合はあるのでしょうか。思い返してみてください、「あの先生と出会って、目を開かれた」ということはありませんか。

ぼくには、師と呼べる先生がいます、ただ、そういう先生はいなかったという人もおおぜいいるので、すべての教師がソクラテスであるわけではなさそうです。教師はソクラテスとなる有能であることの意味を問い、生命性を感じる方向に進む可能性を手に入れます。

公学校の教師は、社会の公式見解としての知識を伝える ― 有能性を育てる「ソフィスト」であり、同時にその知識を超えていく道を拓く ― 生命性を開く「ソクラテス」となる可能性を持っています。しかし、公教育制度が公学校の教員であるあなたに望んでいるのは、ソフィストであることだけです。社会公認の知識を子どもたちの身につけさせることこそが教師の仕事であると捉えられています。けれどおもしろいことに、現実社会の中では、教師は単なる知識の伝達者、つまりソフィストであってはならないというような言い方もなされます。教える者はまず自身が探求者でなくてはならないという意味なのでしょう。ですが、本来は教師に知識の伝達だけを求めているのですから、教師自身の根源へ問いかける姿勢など望んではいないはずです。社会の知の根底を問うと社会の枠組みを超えてしまう（壊してしまう）こともあるので、そういう事態は既成の社会の側からすればむしろ避けねばならないものです。だからつまり、公権力が教師に対し、ソフィストであることに甘んじてはいけないと言うのは、社会を壊さない範囲で伝達の仕方を工夫しろ（社会そのものを考察の対象とすることは認めない）という程度の意味なのです。一方、在り方自体に問いを発するソクラテスのような教師は、既成社会にとって危険な存在です。実在のソクラテスも、青年を惑わすという理由でポリスによって死刑を宣告されました。社会権力は枠組みをも問うソクラテスを取り除こうとします。

しかし、ソフィストは誠実に自分の仕事をしようとする限り、ソクラテスに変わらざるを得ないことがあるのです。知識を伝える仕事は、その知識が個人を、社会を支えていくのですから、大切な仕事です。真面目なソフィストは、いかに伝えればよいか、真剣に方策を考えるでしょう。ここまでなら、枠組みの中でのみ活動する「従順なソフィスト」です。社会権力は、教師がみなそうなることを望んでいます。でも、なかに、更に一歩を踏み出す「過激なソフィスト」が現れるのです。彼は何を伝えればよいか、自分が価値ありと思うことを探し、子どもが価値ありと受け入れる内容を見つけようとします。このとき、彼はソフィストではなく、ソクラテスであり始めています。「いかに」を問題にする限りは知識自体を問うことをしていませんが、「何を」を考えるようになれば、既成の知識が値打ちのあるものなのかどうか、問い始めているからです。やがて彼はなぜ値打ちがある・ないと判断したのか、理由を考えるようになるでしょう。権力が求めているのは「いかに」だけを考える教師ですから、「何を」や「なぜ」を考えるようになった教師は社会を破壊する可能性を持つ者として弾圧・排除されることになります。でも、いくら阻害されようと、いったん「なぜ」に踏み込んだ教師は従順なソフィストには戻れません。彼はもはや、既成の枠組みを超え出て、それにとらわれないソクラテスになったのです。

　知識を伝えるというソフィストの仕事をするけれど、何が、なぜ、伝えるべき・受け入れてもらえる知識であるのか、既成の枠組みを外して考えることによって、ソクラテスへと変容する道を進むことが望ましいと、ぼくは思っています。ソクラテスならば、子どもの有能性だけでなく、生命性をも開くことができるからです。現に、変身した公学校の教師はあちらこちらで活躍しています。その活動が目立つということは、教師のほとんどは未だソフィストであるということですが、多数がソフィストに留まっているのだからソクラテスになれるものではないということではなく、現にソクラテスが存在するということは、そうなれる可能性は十分にあるということなのです。有能性を伸ばすソフィストに留まらず、生命性をも開くソクラテスとなることを意識すべきだと思います。

ここで、誤解を招くといけないので、念を押さなければいけないことがあります。「ソフィストからソクラテスへ」という感じで話を進めてきましたから、ソクラテスとなるためにはソフィストであることを否定しなければならない、というような印象を与えたかもしれません。でも、両者は決して相反するものではありません。ソフィストの上にソクラテスは成り立ち、ソクラテスがソフィストを底支えするのです。だから、最初はソフィスト＝有能性の教師に対抗するものとしてソクラテス＝生命性の教師を挙げましたが、「ソフィストからソクラテスへ」と言うときのソクラテスは、ソフィストを取り込んだ存在だと思ってください。ソフィスト＝知識の伝達者に留まるのではなく、ソクラテス＝新たな知を開く手助けをする者（産婆）となるべきだと思いますが、それはソフィストの仕事を放棄することではありません。教師はソフィストであると同時にソクラテスにならなければならないということなのです。教育の目的は有能性を育て、かつ生命性を育むことにあります。

ただし、意識したらソクラテスになれるというわけではありません。ソクラテスであるということは、子どもにとってソクラテスであるということですから、教師がソクラテスであるかどうかを判断する ― 決定するのは一人ひとりの子どもなのです。一人の教師が、或る子にとってはソクラテスであっても、他の子にはソフィストであるということが起こり得ます。ソクラテスを目指す教師にとっては、ソフィストに見られることはやりきれないことでしょう（ソクラテスになりきっていれば、そんなことはどうでもいいことかもしれませんが）。でも、教師にとって子どもは製作の対象ではなく、互いに自らを形成する同伴者です。判断は子どもがすべきこと、したがって子どもに任せるべきことなのです。その結果はそのまま受けとめなくてはなりません。できることは、実はソクラテスなどという名称はどうでもよくて、何を教えるか、なぜ教えるか、いかに教えるかについて自覚的であること、抽象レベルで言えば、教えるということ、自分が教えるということに自覚的であるということだけです。自ら知を拓く者が育つ可能性を開くためには、自分自身が知を拓く者でなければなりません。その際、権力に押しつぶされないための、数に屈しないための便法は、「聞いたふりだけして、実はしない」「やばくなったら、逃げる」です。

最後にもうひとつ、教師の在り方について考えたことで、特に公学校の教師にとって大事だと思うことをお話しさせてください。それは、教育活動は教師の側から働きかけることによって始まるということです。子どもの意思は尊重しなければなりませんが、「主体性」という言葉に踊らされて、なんでもかんでも子どもに任せようというのは間違いです。知識や経験の乏しい子どもにいきなり「自分で考えて」と言っても、子どもは何をどう考えればいいのかわかりません。

たとえば、林間学校のキャンプファイアーでは、子どもたちが自身で運営するように、子どもに司会をさせることがほとんどです。しかし、子どもは臨機応変が苦手です。参加者に予期せぬ動きがあったとき、うまく生かせば場を盛り上げるきっかけとして利用できるのですが、どうしていいかわからない司会者はいちいち指導教師に指示を仰ぎます。そうすると進行が間延びしてしまって、子どもたち全体の気持ちは冷めていくことになります。

また授業でも、たとえば算数の「研究」授業で、教師が解法を教えるのではなく、子どもに見つけさせようとする場面をよく目にします。でも、いきなり「三角形の面積は」と問われても、知識のない子どもに答えられるはずはありません。そこで、指導案には「既習内容を生かして」とあるのですが、その「既習」というのは既に教師が与えているということです。つまり、最初の内容は子どもが習いたいと言い出したことではなくて、実際には教師の方が教えようと思って持ち出したことなのです。出発点は明らかに教師の側にあります。

教師が子どもの主体性を尊重しようとするのは善意からであることが多いのですが、善意であるからといって、それを押し通そうとしたり全てに当てはめようとしたり、あるいはそれを基準に判断したりしては、「主体性という押しつけ」をしているようなものです。何も知らないところに持ち込んでくるのは、既に知っている者の方です。そのときは完全に、知っている者が知らない者を導きます。ただ、知らせた後は、それに対して考えを巡らせるようになりますから、つまりそこで主体性が生まれますから、初めて知った者の意思を最大限尊重しなければなりません。よいと思って持ち込むのは教師、よいかどうかを判定するのは子ども、ということです。

ここで、子どもの主体性が生まれる場面を考えてみました。子どもがいかに活動的であったとしても、実は教師の指導に合わせているだけということがあります。「合わせている＝させられている」という意識がどこかにある限り、自発的であるとは言えません。自発性は、活動を子どもが「たのしい」と感じたときに芽生えるのだと思います。人がたのしんでいるときには、「私がこれをしている」などという意識は持ちません。主体＝私と客体＝対象の境目は消失し、ただ活動だけがある状態、「私が」とか「これを」とかは消えて主客一体となった状態があります。そのときはもう、たのしさだけが感じられています。そして、その活動を終えた後は、誰がその状態のきっかけをつくったかなどということは問題にならず、たのしかったという思いが残るだけです。

仮説実験授業でいうなら、予想―仮説の段階において、たのしさは始まります。問題―実験の結果がどうなるか予想する―自分の中で仮説を立てるところで、人は最も主体的となります――「私はこう思う」。ところが、それゆえ問題に対し「純粋な関心」だけで臨むために、問題との距離が消失します。最も主体的であるがゆえに、客体たる問題とひとつになるのです。そして実験の結果が示されたとき、「予想どおり」「予想が外れた」――判断した私がまた強く現れます。問題を持ち込んだのは教師ですが、予想し討論し実験することで子どもは自分を出してきます。たのしい授業においてのみ、教師の指導から子どもの自発性への転換がなされるのです。

たのしい授業の事情は遊びと同じです。遊びは時空を限り、そこに成立する行為ですから、必ず終わりがあります。遊びの渦中で「私」意識は消えていますが、遊びが終われば、主客一体の状態は消え、もとの主体と客体に戻ります。そのとき、主体には遊んでたのしかったという記憶が残ります。たのしい授業においては、再びたのしさを味わいたいと、次は自ら動き出すようになるでしょう。たのしい授業においては、これと同じ事態が成立するのです。形式からすれば、授業において指導したのは教師ですし、子どもはそれを受けたに過ぎません。能動的なのは教師で、子どもは受動的であるように見えます。しかし、授業内容と一体になった結果として、子どもは興味・関心を持つようになります、つまり自発性が生まれるのです。授業がたのしいものであるとき、指導と自発性のパラドックスは見事に発展解消されます。先のキャンプファイアーの例で言うならば、慣れた教師が司会をした方が、予想外の出来事をうまく拾って、キャンプファイアーを盛り上げることができます。そうすれば子どもの記憶にも残り、またしたい、してみようという子どもが現れるでしょう。おとなになってキャンプリーダーの道を歩む子どもも出るかもしれません。大事なのは子どもに、活動がたのしいものであると感じさせることです。そのためには、知識・経験のある教師が子どもたちを導かなければなりません。

教師主導で始めることは、ソフィストであってもソクラテスであっても、同じです。どちらも最初は、教師の方が生徒を探しています。ソフィストは交換で収入を得るために、「私はこんな知識を持っている」「私が教えれば、こんなことができるようになる」と生徒を募りました。ソクラテスは「無知の知」を贈与するために街で若者に問いかけました。いずれも、教育活動の一歩目は教師の側から始めています。子どもの学びたいという気持ちを大事にしてなどと言いますが、それは教育関係が成立してから言うことであって、教育活動を始めるのは学ぶ側ではなく教える側だということです。既成の知識を伝えるにせよ、知識を問うことを始めさせるにせよ、まずは教師が生徒を求めるのです。決して最初から子どもが先生を求めてあちらこちらするわけではありません。

したがって、教師は最初、全力で子どもとの間に教育関係をつくる必要があります。公学校の教師は最初から子どもを「あてがわれている」ので、子どもの前に立つだけで教師―生徒の関係になるように思いがちですが、子どもに本心から先生だと思ってもらうためには、関係は築いて初めてできるものだと思い直す必要があります。

たのしさまで連れていくのが教師の仕事です。何がたのしいことかというのは、目の前の

「この子たち」からのみ出てくるものではありません。経験も知識も乏しい子どもは興味の持ち方をよく知らないでしょう。授業をしようとする教師は、まず興味を持たせるために、これまでの経験から、またここまでに学習した法則から、見当をつけることができます。知識は個人の知識に限りません。社会的に蓄積された知識（社会的共有財産）も利用できます。そして、そのなかで自分が伝えるべき値打ちがあると思うことを子どもに提示すればいいのです。ただし、この教材がおもしろいと判断しても、予想が外れる場合はもちろんあるので、授業後に、たのしいか・たのしくないかを判定しなければなりませんが、その判定を教師がするのは誤りです。授業は子どものためになされるものですから、判定を下すのは「この子たち」です。彼らの声を聞いて、教師は持ち込んだ教材の値打ちを定めなければなりません。そして次の機会は、子どもたちの声を心に留めたうえで、また教師が何を授業するか決定します。

学ぶことはおもしろいと味わった子どもは、やがて学びを求めて自分から動き始めます。そうなればもう教師の仕事はほとんどなくなったと言ってもいいでしょう。主体的な学びこそ願うものですが、その学びは教えることによって生まれます。教えるが先であって、学びが先ではありません。

水銀柱が（古い言い方ですね。いまはほとんどデジタルでしょう）いまだに三十度を下りません。その暑さの中、けいちゃんは歩くことに向けて、まずは立つための訓練中ですね。側には、とびきりの応援団が二人いるので、心強いことでしょう。ただ、転んで頭を打たないように、周りの物に気をつけて。

十七年八月三十日付（八月二十三日受）

33　発達観 ― できることのよろこびと 生命観 ― 在ることのよろこび

けいちゃんが生まれてもう一年ですね。あっという間のように思えますが、この一年はぼくにとっては人生の六十分の一であるのに対し、けいちゃんにとっては一分の一。ゆっくり、しっかり、濃密な時間を過ごしてきたに違いありません。その時間を腕の中で共有できるあなたは、遅かったり速かったりする時針の進みに悩むことも多いだろうけれど、ことあるごとに見せてくれる笑顔に、このうえない幸せを感じてもいるだろうと思います。誕生日は四日後で、少しせっかちですが、おめでとうございます。けいちゃんに手紙を書きました。お母さんとお父さんが代わりに読んでください。

一歳の誕生日といえば、ぼくの家には一歳の誕生日に餅を背負わせて歩かせるという行事があったらしいのですが、昔、母に聞いた話によると、弟は二、三歩踏みだして、妹は一歩出たかどうか、そしてぼくは、立たせたとたんみごとに尻餅をついて大泣きしたとか。結局、三者三様の育ち方をしました。そういうものです。

さて今日は、子どもの成長をどういう視点で見ればよいか（ともにある者としては「どうたのしめばよいか」ということにもなると思います）ということについて考えてみました。

首が据わる、寝返りをうつ、座布団に座る、はいはいをする、つかまり立ちをする、つかまり歩きをする、ひとりで立つ、ひとりで歩く……と、赤ちゃんが、いろんなことができるようになるのを見ることは、たのしいことです。これは自分のクラスの子どもたちについても当然言えることで、逆上がりができるようになる、九九が言えるようになる、人前で話せるようになる、リコーダーで曲が吹けるようになる……我が事のように、ではなく我が事としてうれしいです。できた瞬間に立ち会いでもすれば、子どもを抱え上げて飛び跳ねたくなるほどです。

でも、できることを喜ぶということは、できないときには辛い思いをするということでもあります。何よりも子ども本人が、できないことに落ち込み、苛立ち、また落ち込み、という繰り返しになりますし、教師の側も「頑張れ」と思う気持ちに少し遅れて「なぜできない」という気持ちが湧いてきます。この「なぜできない」という思いはやっかいで、教師自身に向かっているうちは教え方を工夫するなど、努力の方向に向かわせますが、それでもうまくいかないでいると（そんな簡単にできるようになるものでないことは、ご存じのことでしょう）、子どもの方に向かうようになり「こんなこともできないのか」という思いに変質してしまう可能性があります。そうなれば子どもも教師の心の変化を感じ取りますから、教室にいることを教師も子どもも、互いにしんどいことと思うようになってしまいます。子どもと教師の、信頼を基にすべきつながりが切れかかるのです。

その原因は、できるかできないかで子どもを捉えようとすることにありました。できるようになるかならないか、つまり発達という視点だけで見ることは、できた場合は問題にならないけれど、できないときには教育を阻害することになってしまいかねないのです。発達こそが成長であるという捉え方は、到達したときの喜びをもたらすし、目的へと向かわせる駆動力にもなるけれど、教育関係を壊してしまうおそれもあるということです。

ここで、ちょっと話は逸れますが、障碍のある子どもの施設で働いている人の講演を思いだしました。だいたい委員会や校長が用意した講演でろくなものはほとんどないのだけれど、この人は別でした。現場で働くための智恵を教えてくれました。どういう話だったかというと、その施設に知的障碍の子どもがいたのですが、その子のお母さんは我が子の障碍を受けとめられないでいました。他の子どもに比べて遅れはあるけれど、ゆっくりやっていけばいつか追いつく、できるようになると思っていたのです。だから、担当教師が子どもに対し課した作業に対し、「こんな簡単なことをしていては、もっと大事なことがいつまでたってもできるようにならない」と不満を露わにしました。まだ若い担当教師はその子の能力とその可能性を細かく丁寧に話し、「この子にとってはこの作業が大事なのです」と説明しましたが、お母さんは納得しません。そこで、講演に来られた経験豊かな先生が「わかりました。お母さんの言うように、みんなと同じようにできることを目標にしましょう。その第一段階としてこの作業から始めましょう」と言ったところ、お母さんはすんなり受け入れたそうです。

する作業の内容は同じなのに、なぜお母さんは異なる態度を示したのか。若い教師が子どもの現状と可能性を客観的に話したのに対し、経験を積んだ教師は、おそらくは不可能な目標を容認しました。一見、若い教師の方が誠実で、いいような気もします。でも、この人はまだ保護者の気持ちを正確に摑めていない。障碍のある子どもを我が子として育てていく、そのときの心の中に湧き上がってくる様々な思いを想像することが十分ではなかったのです。お母さんの複雑な心の内を講師の先生は酌み取りました。だからここはその言い分を聞いて、まずお母さんを落ち着かせなければならない、と現実には無理であろう目標を認めたのです。けれど、経験を重ねた専門家として子どもの可能性は客観的に把握しています。いますべき作業が何であるかもわかっています。そこで、先の返答が出てきたわけです。

頭の中だけで考えたのではなく、ほんとうに現場を経験した人の智恵だと、感心を通り越して感動したのを覚えています。同じく現場にいる者として「かくありたい」と思いました（思うようにはなかなか……ですが）。ただ、今日話したいのは、先ほどのお母さんのその後です。詳しくは語られなかったのですが、うまくいった受け応えの事例として挙げられたのですから、お母さんは我が子の在り方を受け容れることができるようになったのだと思います。ただ、そのためには時間が必要だった。その時間を確保するために、講師の先生は先ほどの言葉を言ったのでしょう。では、お母さんはどう変わったのか。

おそらく、「できるようになる」という見方を棄てたのだと思います。いや、棄てはしないけれど、もうひとつの、或る意味、より重要な視点を持てるようになったのに違いありません。それは、「現にいまここにある（だからそれを大切にしよう）」という見方です。いま、ここに、こうしている。なぜだかわからないが、いる。これは、このように在ること自体に意味があるのではないか。在ることが価値あることなのだ……そうなれば、過去も未来もありません。現在に、現在の在り方でせいいっぱい在れば、それでいいのです。現在の肯定は永遠というものに直結します。生きているということを実感することになるでしょう。発達という視点に対して、勝手な言葉遣いをしますが、「生命の視点」だと言えます。

ただ、「在るだけで値打ちがある」と言いましたが、その理由は「なぜだかわからないが」です。在るということの根拠を求めていっても、奇妙な信仰に走らない限り、安易に答えは見つからないでしょう。だから、「ほんとうに在ると言っていいのか、確かな手応えは一切ないのに」と虚無的な見方になることもあり得ます。「いま」に目を向けることは、肯定、否定、どちらにも転ぶ可能性があるのです。必ずしも幸せな方向とは限りません。しかし、幸せでない方向に決まっているということもないのです。在るだけで値打ちがあると思えるようになるか、在るなんて疑わしいと思うようになるか、その分岐に至るまでの経過は違わないのに、どうして肯定的と否定的に道が分かれるのか、理由はわかりません。けれどもぼくは、うつむくのではなく、顔をあげてほしいと（なぜだかわからないが）願っています。

生命の視点は、教師も持つべきもの、いや、持たないことにはその人を「先生」と呼んではいけないものだと思います。九九を言えない子、逆上がりのできない子に時間をかけることも大事だし、教え方を工夫するのも大事です。できなくても大丈夫と言ってやることも大事でしょう。でも、できないでいることはすばらしいことなのだと感じさせることは別次元で大事なことです。これは捉える枠組みを広げて、その中に位置づけることではありません。いままでの枠組みを超えた見方をすることです。超えるといっても、それまでの視点を否定するものではありません。それまでの視点はそのままに、それとは異なる（おそらくはより高次の）次元の視点を持つということです。

また、生命の視点を、獲得すれば終わりの、一回きり超えただけで得られるものと思ってはいけません。それは固定的なものではないのです。それは生成していく・されていくものです。そう、刻々変わっていく遊びに近いものかもしれません。

活動自体を目的とし、いま、ここに在ることを感じさせる（それゆえ永遠とつながっていると感じさせる）――生きていると感じさせる〈遊び〉。矛盾する二つのメッセージを、矛盾と悩むのではなく、循環させたのしむ〈遊び〉。〈遊び〉の視点を（「持つこと」ではなく）持てることが、生命の視点を持てることにつながっているような気がします。

尻切れとんぼのようになってしまいましたが、〈遊び〉については次回、考えてみたいと思います。でも、まず、こざかしい理屈は脇に置いて、目の前にいる子どもたちと、いま、ここをたのしみましょう。遊ぶことが仕事です（仕事にしてしまうと遊びにはならない。遊んでしまうと仕事にはならない。このパラドックスをたのしんでください）。

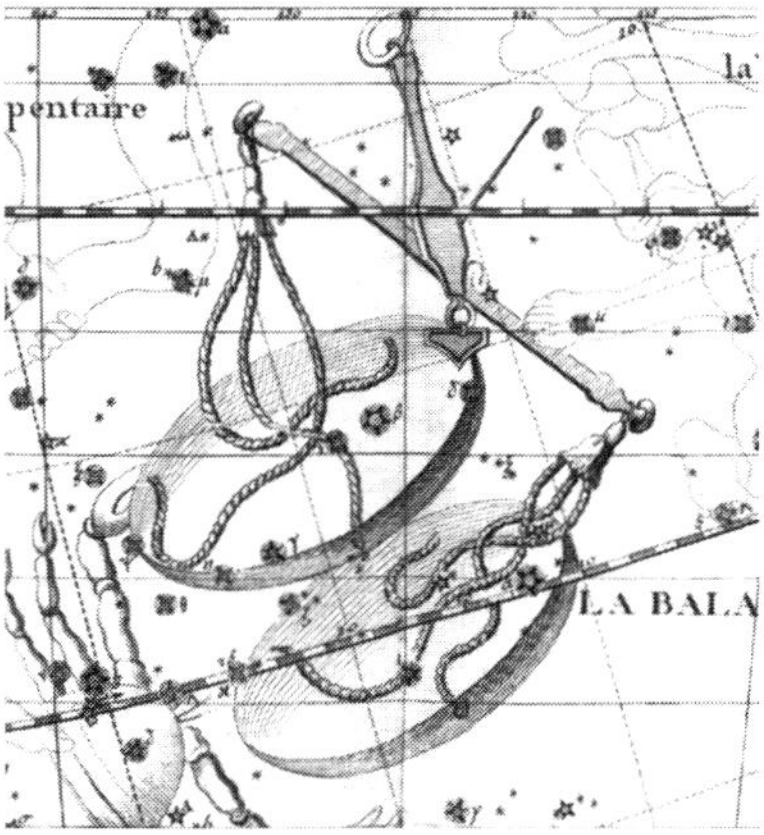

『フラムスチード天球図譜』
第19、恒星社厚生閣

けいちゃんへ

誕生日、おめでとう。あなたは天秤座の生まれということになるけれど、この天秤は、正義の女神アストライアが使っていたとされる天秤です。人が死んだとき、その魂を天国に送るか地獄に落とすか決めるために、死者の心臓を取り出して（だいじょうぶ。神さまのすることだから、血まみれにはなりません）、天秤の右皿に載せ、左皿の錘より重ければ、これは悪いことのたくさん溜まっている心臓だから地獄に落とし、軽ければ悪いことが少ないから天国に送る、というふうに使ったと言われています。後に、人が悪いことをしないよう、戒めの徴として、天秤は星座にされました。

心臓に悪いことが詰まっていくなんて、人はこの世では悪いことしかしないかのようです。でも、そんな人間たちの間にあって、悪を嫌った他の神さまたちはいち早く天上に去ったのに、アストライアだけは長く地上に留まり、天に戻ってからも、人々をできる限り天国に送ろうと、天秤に載せる錘を他の神さまに気づかれないよう、こっそり重くしていたそうです。

人は悪いことをします。悪いことも含めて人間です。そのことをわかったうえで、善いことを願い、為そうとする、そういう人に育ってほしいと思っています。けいちゃんのこれからの人生が数多くの幸運に恵まれますように。

十七年十月一日付（九月十七日受）

34　仕事の論理――発展と遊びの論理――循環

この前、正暦寺《しょうりゃくじ》に行きました。紅葉で知られた寺ですが、人の多い時期を避けたために、ほとんどの木はまだ緑色。山が赤や黄色に染まったところを想像しながら境内を回りました。

そうそう、なぜ秋になると葉が紅くなるか知っていますか。北米先住民の神話によると、北斗七星の四角の部分（椀の部分）は一頭の熊を表し、残りの三つの星（柄の部分）は追いかける三人の狩人だそうです（二人目の狩人は調理用の鍋を持っています。二番目の星はぱっと見ただけでは一つに見えるのですが、よく見ると二つの星に分かれて見えるので、明るい方を狩人、暗い方を鍋に見立てたということです）。秋になって狩人が熊を捕まえたときに、熊の流した血が大地に降り注いで木々の葉を紅く染めるのだとか。でも冬を越すと、熊は再生し、狩人はまた追いかけ始めるのだそうです。これは永劫回帰かな。

四月から職場に復帰するとのこと。熟慮したうえでの進路なら、あなたはただしい。直観で決めたような進路なら、やはりあなたはただしい。すべての決断は、それが真摯に向かい合うとした事柄についてのものである限り、ただしいのです。もともとその方向に向かうように事態はできていきます。決して別の方向に流れるようなことはありません。選んだ道と選ばなかった道を後で比べて決断はただしかったと言えるというのではなく、複数の道があるかのように見えても、実は選んだ道しかなかったのです。かくあるようにしかならないのです。だから、「それを選んだ」決断はただしいのです。

前回の手紙で発達の視点と生命の視点ということをお話ししました。発達と生命のイメージを簡単に対比させると、次のようなことになるでしょうか。

■発達――仕事――外部目的――現在はあくまで経過点である（相対）――段階――発展
■生命――遊び――自己目的――現在をそのままでよしとする（絶対）――循環――飛躍

発達の教育というと、発展の論理ということになるでしょう。直線的な前進というわけでなくても、以前お話しした弁証法のように、段階を上げていくことが念頭にあると思います。前へとか上へとかいうのは、目的を立ててそれに向けて努力を重ねるという人間の根本的な在り方にふさわしい。というより、そういう在り方をしているからこそ生まれた論理だと思います。けれども、人間はそれだけでは生きていないような気がするのです。前もなく上もなく、いまここに在ることをただたのしんでいるという在り方も、人間の根底的な生き方ではないかと思うのです。「いま、ここ」をたのしむのは遊びですが、教育にも遊びの面がある、いや、或る意味、教育は遊びであるように思います。

教育が遊びであるという話は繰り返ししました。今日は、遊びの論理の話をします。と言っても、論理というほど厳密ではありません。「発展の論理」に対抗するにはということで思いついた理屈です。遊びは、弁証法―発展の論理に対したとき、「循環の論理（？）」に基づいていると言っていいのではないかと思うのです。

A（正）から、その否定としてB（反）が生まれ、否定の否定がなされて両者が統合されC（合）となる――これが弁証法でした。こうして段階を上げていく。発展の論理です。それに対し、循環の論理はAから否定Bが生まれるのは同じですが、否定の否定はCにいくのではなく、Aに戻ります。Aはまた否定されてBとなり、Bはまたまた否定されてAに戻り……と、終わりがありません。仕事は外部目的であるし、遊びは自己目的であるから、こういうことになると思います。

日常、人は発展の論理で生きていますから、この循環の論理は停滞だと捉えられます。段階を上っていかないということは進展が見られないということで、発展の立場からは非生産的と見なされます。ときにはそれまで積み上げてきたものを崩しさえするでしょうから、発展にとって循環は困ったことなのです。発達するためには、遊んでいてはいけないのです。

ぼくたちが現に生きている「いま、ここ」に目をつけると、外部目的である発展にとって「いま、ここ」は単なる通過点に過ぎません。すべての段階はより高い段階のためにあるのであって、目標である段階に到達したとしても、その瞬間、その段階は次のより高い段階のための踏み台に過ぎなくなってしまいます。そう、発展には終わりがありません。後方の闇の中から上ってきた階段は、前方の闇の中へと上っていきます。永遠の発展には、終点や充足は決してないのです。これよりもそれ、それよりもあれ、という〈相対〉的な在り方には、満足を求めようがありません。

一方、自己目的の循環には「いま、ここ」しかありません。Aならば、Bはない。Bならば、Aはない ―― そこから出られないのです。循環にも終わりはありません。永遠にぐるぐる回ります。でも、それは「いま、ここ」においてです。「いま、ここ」がすべて、これは〈絶対〉に触れていることを意味するのではないでしょうか。

発展で得られるのは相対的な価値（他と比べて）で、循環で感じるのは絶対的な価値（それ自体）です。ふだん人は相対的な価値を求めて生きていますが、それが必ずしも得られるものではないということに説明の必要はないでしょう。でも人は生きていきます。いつも価値を得られるわけではないにもかかわらず生きていきます。それは、意識はせずとも絶対的な価値をどこかで感じているからに違いありません。相対的な価値を絶対的な価値が支えているのだと言えます。どこへも向かわずぐるぐる回っているだけの遊びが、「より○○」を目指して一歩一歩階段を上っていく仕事、その足下を支えているのだと思います。

しかし、ぐるぐる回っている（と感じる）だけでは、これもやはり終わりのないことですから、虚しくなるはずです。そうならないのは、回っている中に「たのしむ目」が生まれているせいではないかと思うのです。正―反―合と進んで、正から発展した合に立って見るのではなく、正と反の循環を超えて眺める境地。これが生命の視点です。だから、連続―発展に対して、不連続―飛躍です。発達は外部目的だから、そこから過程が導き出され、ひとつひとつ段階的に進むということになるけれど、循環は自己目的だから閉じた世界で、決まり事が変われば、一気に世界全体が変わってしまうのです。

仕事の論理だけが重要なのではありません。遊びの論理だけが重要なのでもありません。どちらか一方だけが働くというのではなく、両者が基本と基底として補完し合っているのです。ただ、市民社会は仕事の論理で構成され、また目的 ― 努力という在り方の方がわかりやすいということもあって、仕事が優位になり、遊びはよけいなもの、その価値を認めたとしても、仕事のために費やされるべき手段と見なされることが多いようです。これでは人の成長が不全に陥るような気がしてなりません。だから、ぼくは遊びの論理を強調するのです。

言い方を変えて、同じことを言います。いまは発展だけが評価されているように思います。確かに、発展はすべてわるいことである、とは言えないでしょう。しかし、発展だけを目指して活動するのは間違いです。発展の底には循環があるのです、あらねばならないのです。「循環を認めるべきだ」という言い方は、自己目的である循環にふさわしくないとは思うけれど、発展観のみという現代社会の趨勢を牽制するために敢えて「もっと循環 ― 遊びを」と訴えたいのです。

もうひとつの言い方。昨今は「できるようにする」教育（目的に向けて活動する ― 仕事）ばかりです。「あることをたのしむ」教育（活動自体を目的とする ― 遊び）は、実際にはなされているのだけれど、表面にはなかなか浮かんできません。生命が発達に侵食・包摂されて、教育と言えば発達のことのようです。これでは、薄っぺらな反応機械としての人間を作ることを目的とするようなものです。その時勢に対抗するために、「教育は遊びだ」と主張したいのです。

ただし、くどいですが、何度でも言っておきます。仕事としての教育をなしにしようと思っているわけではありません。あくまで対抗するために遊びを強調しているのです。遊びの教育によって仕事の教育は支えられ、仕事の教育の上に遊びの教育は成立します。強調された面ばかりにとらわれて、教育＝遊びとのみ捉えるようなことがあってはなりません。そのためには、仕事としての教育をひとつの側面と相対化したように、遊びとしての教育もまた相対化する必要があります。遊びを主張している自分自身をも突き放して見てみろ、ということです。それこそが遊びにふさわしい。

けいちゃんの歩くところを見るには、動画がいいなあ。ぼくは、文章にするという抵抗があるほど、ものごとは深く、広く考えられる、という「決めつけ」があるので、メールは避けているところがあるのですが、今回に限って言えば……動画で見たい！

十七年十一月五日付（十月二十一日受）

35　アガペを想いつつエロスに生きる

けいちゃんの咳、たいへんでしたね。ここまで順調に、高熱が出たり湿疹ができたりすることもなく来ていただけに、驚き心配されたのではないかと思います。ぼくも幼いころ百日咳にかかったらしいのですが、まったく記憶にはなく、また成長してから母が取りたてて話したこともないので、おそらく早く医者にかかってたいしたことなく済んだのでしょう。あなたのパートナーが初期の段階で迷わず病院に連れていかれたのは適切な対応だったと思います。手遅れになるよりは、たいしたことはないのにと医者に怒られる方がいいです。パパは頼りになりますね。それから、お母さんが来てくださったのも心強かったと思います。なにしろあなたを育ててくれた人です。また、まだ、しっかり支えてもらいましょう。その方が、口は別にして、お母さんもうれしいはずです。無条件でかわいい孫に、無条件でかかわれるのですから。今回の病気は、結果的にあなたの親孝行になった、かな。もう快癒したとあったので、お見舞いを気楽に書いています。これからもおだいじに。

さて、今日の話です。以前、子どもに向かう愛として、エロスとアガペの話をしました。この二つの愛について、そのときからもう少し考えてみたので、もう一度聞いてください。

エロスは、価値ありとするものに向かう愛です。目的を立て努力するという形で日常働いています。或る何かを価値ありとするのですから、それを基準に価値を測る「ものさし」が働くことになります。そのものさしで価値の有無・多寡を決めるのです。

教師が子どもを見る場合を考えると、もし教師が一つのものさししか持っていないとしたら、おそらく数多くの子どもが値打ちの低い子どもであると判定されることになるはずです。特にそのものさしが「世間標準」であったときには、教師というのは子どもに序列をつけて社会へ送り出す職業ということになってしまうでしょう。

教師としては数多くのものさし―価値基準を持つ方が、より多くの子どもの値打ちを見いだすことができます。或るものさしでは価値が低くとも、別のものさしでは高いということはよくあることだからです。臆病であるということは慎重であるということだし、大胆であるということは無配慮だということであるし、同じものでも、測るものさしによって異なる値打ちを持つものです。ただ、ものさしをたくさん持っていたとしても、たとえば「九九を言えることの方が友だちを笑わせることよりも上」と、ものさしの間に序列があるとしたら、これは、大きいけれど一つしかものさしを持っていないのと同じことです。やはり多くの子どもが肝腎な値打ちは低いと見なされることでしょう。数多く持つものさしに優劣をつけないことが教師には望まれます。

しかし、多数のものさしを序列なく持つとしても、それはあくまでもエロスの立場に立つということです。ものさしとは価値を測るものですから、価値の認め方を多様にしたとしても、問題にしているのはやはり価値なのです。多数あるうちの或る一つのものさしに限ってみれば、価値のある者とそうでない者を必ずつくり出しています。

ならば、もし無数の――「とてつもなく多い」という意味ではありません。文字通り「無限にある」という意味です――ものさしを持つことができたとしたら、すべての者の値打ちを認めることができるでしょう。いっさいを認めるということですから、「すべてはただしい」。エロスの世界を生きていようとも、そのものの価値だけではなく、存在そのものを認めることができるようになっています。このときエロスはアガペに、すべてを受容するアガペに転化しているかのようです。教師ならば、一人の子どもも斬り棄てることなく、すべての子どもを仏の掌のように掬い上げることが可能です。

けれども、無限というのは人の手には負えない領域、神の領域です。有限である個人が無数のものさしを持つことは不可能です。いくら多く持ったとしても、その数には限界があります。エロスがアガペに転化することはあり得ません。したがって、ものさしでは認めることのできない者がどうしても出てきてしまいます。どんなに心優しい教師にも、否定こそしないけれど、悲しく首を横に振るしかない子どもがいるのです。エロスには限界があります。

それは仕方のないことだからといって、救えない子どもを放っておくわけにはいきません。子どもはみな、まず認められなければならない存在です。それは、価値ではなく、存在すること自体を認めることです。そのためには、ものさしというものを必要としない愛、むしろ棄ててしまって、ありのままを受け容れる愛、つまりアガペが必要なのです。アガペは、価値あるものを認めるエロスに対し、存在することそのものを認めます。絶対の＝無条件の肯定です。教師がアガペの眼差しで子どもたちを見つめることができるならば、すべての子どもは認められることになります。日々のエロス的活動も、まずアガペがあることで肯定されることになります。

けれども、ありのままを受け容れる、すべてを認めるということは、すべてがただしい、「なんでもあり」だということなのです。エロスの立場からすればとうてい認めることのできないようなものまで認めることになってしまいます。我が子を殺した犯人を、許すことができますか。子どもを部屋に閉じ込め餓死させてしまった親を、許すことはできますか。一発の爆弾で何万という人を殺す命令を下した指導者を、やむを得ないと許すことができますか。教室に話を限ったとしても、級友をいじめて薄笑いを浮かべる子どもを認められますか。知識をひけらかし級友を小馬鹿にする子どもを認められますか。ぼくには、いくらアガペの立場に立てと言われても、どうしても認められないことがあります。

ここで「人倫」を持ち出す人もいるかもしれません。殺してはいけない、盗んではいけない等々、人間には絶対に犯してはならないきまりがあるとする人たちです。でも、そのような「絶対のルール」を持ち出すことに対しては、どうしても違和感があります。人は「正義」のために戦争もするからです。人倫は共同体を維持するためのルールに過ぎません。共同体の外部に対してはあてはめないのです。すべてにあてはめているように見えたとしても、それは自己の共同体を拡大して、それまで枠外であったものを取り込んでいくだけの話で、共同体の外部は必ず存在し、そこには人倫を適用しません。この「同心円拡大主義」は、殺し合わず生きていくために役に立つこともあるかもしれませんが、基本的にエロスの拡大であって、絶対のエロスがアガペに転化するわけではありません。

アガペは神の愛であって、人の愛ではないのです。罪を憎んで人を憎まずという諺がありますが、それはあくまで「そうありたい、そうであればいい」という姿を示しただけであって、現実の生身の人間に到達できる境地であるとは思えません。そんなことができるのは、いっさいを識りたいと思っている〈大いなるもの〉―神だけです。人は価値を目指すエロスから離れることはできません。アガペは人間にとって、それを持ちたいという憧れの先にあるものであって、触れることのできる手もとに現れるものとは違います。

すなわち、人の日常において完全なアガペが姿を現すことはないのです。そもそも「完全なアガペ」という言い方自体がおかしな表現です。アガペは絶対の愛ですから、完全であるに決まっています。だから、「できうる限りのアガペ」などというのは、アガペではありません。しょせんはエロスの拡大版、同心円拡大主義の半径をうんと広げたものにすぎないでしょう。「人間のアガペ」は語義矛盾、人間はあくまでエロスの存在です。

だがしかし、ここでふと思いついたのですが、「日常において現れない」ということは、非日常においてなら現れると考えられないでしょうか。非日常の世界、つまり遊びの世界は、日常世界の上に成り立つけれども、それとは切り離された、区切られ完結した世界です。目的―努力の仕事が永遠に続く相対の世界ではなく、活動それ自体が目的とされる絶対の世界です。仮構の世界とはいえ、遊びの世界ならば絶対が成立します。ということは、アガペも姿を現すのではないかと思ったのです。人は、非日常の遊びにおいて一瞬アガペに触れ、仕事という日常のエロスの世界に戻るのではないでしょうか。アガペ＝神の愛に触れるということは絶対に触れるということです。日常的にはアガペがなくとも、非日常でアガペを体験することができれば、人は自己の存在を絶対的に認められたと感じることができるように思います。

教師はアガペの具現者となることはできません。それは教師に限らず、人にとって僭越というものです。しかし、意図的に遊びを開くことはできます。子どもたちの周りを遊びの世界に変換することができます。遊びを通して、子どもたちにアガペ＝絶対肯定を感じさせることは可能です。子どもたちすべてが「自分は生きていていいのだ」という思いを抱くことができるようにするためには、遊びは、遊びへの変換は必須だと思います。

ここまでをまとめてみます。日常を生きる教師に可能なことは、つまり実現できる目的とすべきことは、できるだけ多くのものさし（ものさしとは本来測るものですが、この場合正の価値を見つけるための道具であると理解してください）を持つこと、ものさし間に序列をつくらないことです。しかし、当然人間の能力は有限です、限界を持っています。無数のものさしを持つことはできませんし、当然アガペを身につけることもできません。日常の生において人間の領域を超えるものはどうしようもないと思い知ることも、つまりエロスには限界があると識り、そしてアガペを想うこともふだんの努力と同時に必要です。

けれども、日常の生においては不可能であっても、非日常の世界においてはアガペを具現することができる可能性があります（もちろん日常世界の上に構築されるのですが）。エロスのものさしを無限数持った、アガペを身に備えたと、仮想することができます。仮想の世界。虚構の世界。遊びの世界です。日常からすれば仮想でしかなくても、非日常では実感を持つことができます。その手応えを感じることができれば、仮想世界から現実世界へ戻ったときも、アガペを実在のものとして確かに感じることができるのではないでしょうか。そして自身のいまの生を肯定できるのではないでしょうか。たとえ仮想ではあっても、それが現実をより豊かに生きることを可能にするならば、その仮想は真実と言ってよいのだと思います。カート・ヴォネガットに倣うなら、「フォーマ（無害な非真実）を友とせよ」。ニーチェ曰く、「虚構されないことには明らかにならない精神がある」。

十七年十二月七日付（十一月二十九日受）

第四部

あなたにバトンを託す

36　問いがあなたを選んだ

けいちゃん、「完全復活」したそうで、よかったです。また元気に世界を探検するようになって、何よりです。今回の風邪は、言い方がよくないけれど、何かあったときのあなたたちの練習になったかもしれません。安心して現場に戻ってください。

その復帰ですが、準備着々といったところですね。おっしゃる通りに、まずたのしい授業を考えてください。「授業をたのしくする」ではなく、「たのしい授業をする」です。先人たちがたのしい授業案をつくっていますから、それを探して、まず自分がたのしそうだと思ったものを授業にかけてみることです（持ち込むのはあなた、評価するのは子どもたち）。時間ができれば、自分で案をつくるのもいいでしょう。もちろん、つくらなくてもまったくかまいません。つくるのは学者と、つくりたくて、なおかつ余裕のある教師がすればいい作業です。現場の教師がすべてそうしなければならないというものではありません。まずなすべきことは、子どもたちの反応を想像しながら授業案を選ぶことです。新しい本・資料を手に入れましたので、お送りします。

さて、ぼくの方は退職まであと三カ月を切りました。職を離れたら、まずは、そしてしばらくの間は、ぼく自身のこれまでの子どもとのかかわりを振り返ってみるつもりです。そこから、以前お話ししたように、「というもの」について自分の言葉で考えていこうと思っています。子どもとたのしい時を過ごしたい人にとって元気の出るような知見を見つけることができれば、というのが望みです。でも教師の在り方に関しては、振り返る以前に、教職最後の時期になって既に感じだしたことがあります。今回からは、その話をしようと思います。

これはどんな職業についても言えることですが、教師も、仕事を続けているうちに様々な場面に出会います。それが問題となったときには当然、答えを見つけようとします。事態を、どう眺めれば正しく把握できるのか、どう動いたら上手に解決できるのか。子どもとかかわることを真面目に、たのしく続けていこうとする限り、避けては通れない課題です。教師は真摯に向き合わなければなりません。

「真摯に」というのは、自分の答えが見つからないから、自信が持てないからといって、安易に人に、特に権威に頼ってはいけない、自分自身の感覚を信用しなければならない、という意味です。確かに、周囲の意見に耳を傾け先人の知恵に学ぶことは大事なことですし、自分ひとりで解決できないときには必要なことです。それはその通り、それでいいのです。でも、そうやって解が得られたとして、あなた自身は違和感なく納得していますか、だいじょうぶだと思えるのは社会的・歴史的な権威が語っているからではないですか。頼った権威は、たとえ誠実な人であったとしても、いま・ここの現場にいるわけではありません。実際に子どもたちに声をかけ、触れ合い、気持ちを通わせようとしているのはあなた自身なのです。だから、出された解答がどのようなものであろうと、それは、あなたが現場で得ている実感を納得させられるもの、最終的にあなたの腑に落ちるものでなければなりません。自分の感覚に忠実に、それを納得させる解を求める必要があります。自分自身のものだと思える答えが見つかったときは、それでいいかどうか迷いながらも、「よし。これでいこう」という気持ちも生まれてくるはずです。

だがきっと、腑に落ちる解を見つけることは骨の折れる仕事です。自分ひとりでは、解決策がいつも必ず見つかるとは限らないでしょうし、力を借りて自分で解決できたかのように見えても、ほんとうにこれでよかったのか、疑念はなかなか消えないでしょう。問題を前に、また問題を背負って、教師であろうとする意欲が挫かれることもあるかもしれません。そうなれば、辛く苦しい日々が続くことになります。

けれども、リルケをまねて言うなら、あなたがその問いを辛いと感じるとき、それは、辛いと感じることができるぐらいに、あなたは強くなっているということなのです。確かにその問いはあなたにとって重荷ではあるでしょう。でも、負った荷を重いと感じられるのは、荷を負うことができているからこそです。つまり、重いと感じるということはその重荷を担うだけの力はついているということなのです。強くなっているからこそ、その問題が生じました。だから、あなたは自分の力に自信を持てばよい。いますぐ解けるものではないにせよ、つぶされることなく、投げ出さねばどうしようもないということなく、あなたは問いを担い続けることができるのです。

答えがいつ出るかはわかりません。でも、あなたには問いを負えるだけの足腰がある。だから、あなたは背負い続ければ、それでいいのです。問いを日常の一部にしましょう。その問いを中心に、あなたの生活を組み立てればよい。その問いを巡って、人生を送っていけばいい。問いはおそらく、解かれることよりも担ってくれる人を待っているのです。そういう気がしてなりません。あなたは十分に強い。それゆえ、あなたは選ばれた。重いけれど、あなたが支えてやらなければならない問いです。担う人がいることで問題は意味を持ちます。背負ってゆっくり歩いていきましょう。賢治は言ったそうです、「求道、すでに道である」。

問いがあなたを選んで現れたということは、あなたに、考え続けてほしいということです。安直な答えを望んでいるのではありません。だからあなたは、辛抱強く負い続けるのです。解こう解こうと考え続けている間に、問題は発酵醸成し、いつの間にか至上の香りを醸し出すことでしょう。その美酒を、たとえあなたが口にすることができなくとも、それはかまいません。あなたがずっと抱え続けたおかげで、次の世代が味わえるということもあるのです。それでいいのです。

もしかして、問いを背負い続けるなかで、教師を辞めたいと思うことがあるかもしれません。そんなとき、どんなことがあっても子どもとかかわる道を諦めないでほしい、とはぼくは思いません。かかわることに疲れるのであれば、辞める方がいいです。子どもは大切であるけれど、教師も、教職にある以前に一個人として子どもと同等に大切だからです。自分が壊れるかもしれないという予測があるのに、そこに居続ける必要はありません。いまの道に耐えられなくなったのだから、新しい道を求めればよいのです。そのとき職を辞することは、決して挫折、否定的に扱われるようなものではありません。方向転換はひとつの成長です。

確かに、現実においては早い解決策が必要とされるでしょう。一刻も早く見つけたいと思うでしょう。でも、解決策をすぐに見つけようとするからしんどいことになるのです。見出したとしても自信の持てないことが多いのです。これは苦しく辛いことです……では、ここからとんでもないことを言うのですが、しっかり聞いてください。解など見つけなくてよい、と考えてみたらどうでしょう。問題には必ず答えを出さなければならない、と身構える必要はなく、問題状況の前でうろうろしている、その在り方をおもしろがって眺めていればよいというのです。現実の頭の中は「なんとかしなければ」という意識に占められているでしょうから、悩み困っている自分をおもしろがって眺めるなどということは、とんでもない、不可能なことのように思えます。でも、どこか心の片隅にでもそういう思いがあれば、生きていくことが楽しいものにならないでしょうか。

奇妙な言い方になりますが、苦しみをたのしめばいいのです。これは、解く努力を放棄せよという意味ではありません。解こうとする努力は不可欠です。あなたは努力しなければならない。だけど、解けた状態を目的としなくてもいいと思うのです。解こうとする行為自体を目的とすればいいのです。これは自身が目的になりますから、そう、〈遊び〉です。活動を、在る特定の状態を目指す〈仕事〉にするから苦しくなるのです。活動それ自体をおもしろがる〈遊び〉にしてしまえば、苦しみは消えます。

問題を投げ出さなければ、解く過程で苦しんだり喜んだりすることでしょう。そうしている自分をおもしろがりましょう。一歩ひいて、いや少し上から自分を眺めてみましょう。特定の立場からではなく、何もないところ（無）から。これは、〈大いなるもの〉の眼差しにつながるような気がします。

話がしつこくなって、ややこしくなりました。まとめておきます——解くな、解くことを放棄して苦しさから逃れろ、と言っているのではありません。解こうという努力は続ける必要があります。解こうとしないことで解けるものだ、と言っているのでもありません。解くことにとらわれなくていいという意味です。解ければいいし、解けなくてもいい。どちらでもいいのです。解こうとする意志さえ持ち続ければいい。それが、問いがあなたに望むことです。本気で問いを遊んでください。

周りを見ると、苦しみ、もがきながらも教師を続けている人がいます。安易な権威（権力）に頼るのではなく、自分にできることを地道に続け、できることを増やそうとする人には頭の下がる思いがします。その努力が報われることを、そして子どもたちとたのしく過ごせることを、願うばかりです。ただ、ひどい言い方になるのですが、必死さの溢れる人が子どもの前に立って、はたして子どもはたのしくいられるだろうかとも思うのです。真面目な態度から学ぶことも多いでしょうが、でも、余裕のなさは子どもたちを落ち着かせないのではないか、その視野は得てして狭いのではないか、と案じます。子どもたちはどこかに、しかし確実に、安心安定な足場を求めています。頑張っている人に「歯をくいしばり努力することが人生だ」と言われれば、ふだんの努力ぶりを知るだけに返す言葉はありません。でも、真面目であることは認めるし、それは尊いことだと思うけれど、またひどい言い方をしますが、それだけで子どもに接するというのは、教師としては不十分だと思います。自分自身をどこかで鳥瞰できる余裕が不可欠です。確かに余裕は、持てと言われて持てるものではありません。でも、問いを背負い続ける、問いを遊ぶと意志した教師には生まれてくるものであるような気がします。

十八年一月六日付（十二月二十四日受）

このとき送られてきたのは、次の二冊のガリ本です。
■『おじさんの知恵袋』（東垣淳著）
■『授業書の背景にあるもの』（犬塚清和・牛山尚也編）
ガリ本というのは、「ガリ版刷りの本」という意味で、仮説実験授業をしている教師たちが、授業の記録や授業のための知識・技術、子どもや教育に対する考え方などをまとめて、自分で発行した書籍です。昔はガリ版（謄写版）で作っていたので、こういう名前がつきました。いまはパソコンで作ったものがほとんどです。一般の書店では扱っていませんが、仮説実験授業の研究会や大会で入手することができます。

37　問いを遊べ

ＣＤ、ありがとう。けいちゃん、しっかり歩いていますね。写真の、瞬間を切り取るというところが好きだけれど、一連の動きばかりは動画でないとたのしめません。散歩の様子、何度も観ました。それにしても、歩きはじめて四カ月程度でこんなに歩みが確実になるとは、子どもの成長とは途方もないものだと思います。

学校の方は、もう間もなく卒業式です。子どもたちが新しい道へ踏み出すことはうれしいものの、これまでのように顔を合わすことができなくなるというのはつくづく寂しいです。言ったことがあるはずですが、ぼくは、一年生から六年生まで続けて担任することができたらと思っていました。もしその思いを押し通すとしたら高校・大学までずっと同じクラス、同じ顔ぶれで教え続けなければなりません。しかし、それは、子どもたちがやがて自分の方向性を見定め、それぞれ別の道に進んでいくのだから絶対に不可能なことであるし、子どもの成長を願う立場からいけば望むべきではないことです。わかってはいるのですが……ね。

いま、ここで、こうして、子どもたちといることはたのしいことです。でも、子どもが現在から離れて未来へと進んでいかねばならないことも、わかっています。「現状存続」と「未来発展」が交錯しています。いまをたのしむ〈遊び〉と目的に向けて努力する〈仕事〉が絡み合っている、生きることの基底と基本が交差しているとも言えるのではないでしょうか。その錯綜の中にしか、教育は成り立たないのに違いありません。

前回の手紙で、「問いを持つということは、問いを担う力のある者として問いに選ばれたのだ。だから、問いは、持ち続ければよい。解こうという意志があればよい」ということを書きました。いまさら言わずもがなですが、問いを背負い続けるというのは、考えないで放っておくこととは違います。性急に答えを求める必要はないけれど、問いを投げ出すことなく、何かのきっかけ・ひらめきがあれば、そのとき考えるという姿勢を持っていようという意味です。未解のまま、置いたままであっても、問いに対しては真摯でなければなりません。

ぼく自身が、おこがましい言い方になりますが、いまだ問いを背負う者です。正しい答えを出せたという記憶はありません。明らかにしたと思えても、それはあくまで仮の答えで、断言できる自信はないのです。ただ、あなたより少しばかり経験を積んだ者として、考える際の心得のようなものならお伝えできるかもしれません。ひとつ、思ったことがあります。

「あれかこれか」――問いを前にして悩むときには、二者択一の分岐点に立つことがよくあります。確実に正しいという道は見えてこず、どちらの道を選んでも後悔が残るような気がする。対立する二項を止揚すればいいのだと言われても、そもそもそれは結果的にのみ言えることで、意図的にできることかどうかはわからない。どうしたものかとただ立ち尽くす……。

でも、それがあたりまえです。全てを見知っているはずもなく、限定された情報で判断するわけですから、絶対に正しい道が見えることなどあり得ません。ならば、どちらの道にするか思い煩い続ければよいのです。悩むうちに一つの道が見えてくる、ということもあれば、悩んだままということもあるでしょう。でも、それもまた一つの道かもしれないのです。むしろ、悩むこと自体が、確実な足場のないことは不安ですが、正しい道なのだとも思います。

とは言え、現実問題としてはどちらかの道を選ばねばならない場合も数多くあります。そのとき、ぼくはコインの表裏で決めることにしています。これは友人に教えてもらった方法なのですが、表が出たらこちら、裏が出たらそちら、と決めておいてコインを投げ、出た面を見て「よし」と思えばその方向に進み、「うーん……」と感じれば逆の方向に進む、というものです。現実レベルにおいては、絶対に正しい、絶対に間違いということは、ほとんどありません。たいていは、うまく運ぶ側面とまずい側面を備えています。したがって、どちらの道を選んだとしても、必ず不都合が出てきます。それでもどちらかを選ばないわけにはいかないのだから、決められないときは、コインの表裏で決めてもよいのではないでしょうか。確実に正しいということにはならないけれど、それは仕方ありません。どうなっても、それがいわば、「神の意志」なのです。

実は、話はこれでおしまいなのではなく、ここからが本当に伝えたいことなのです。右の道を選ぶにせよ、左の道を選ぶにせよ、そして折衷したり止揚したりするにせよ、そこには「前へ進むのだ」という意志が働いています。目的を立て努力するというのが人間の在り方の基本ですから、そう志すのは当然のことです。思う通り前進できないときには、悩みも生まれるでしょう。それも自然なことです。しかし、この悩みはときとして「進まねばならない（進まなければ意味がない）」という強迫観念になることがあるのです。いや、ときとしてではなく、よくあることだと思います。前進への思いに強くとらわれてしまうと、早く答えが欲しくなり、「どのように」だけを示すありきたりの解決策に走りがちになるでしょう。せっかくの「なぜ」を深く掘り下げる機会が失われてしまいます。

分岐点に立ったとき、もしも「前進しなければならない」という観念がなければ、どちらの道を選んでも、いや選ばず佇むだけだとしても、正しいことになるのではないでしょうか。「前へ」とだけ考えるのは、「できるようになることだけが生きることだ」と捉えているような気がしてなりません。でも、生きることは、以前お話ししたように、それだけではありませんでした。そこに在ることをたのしむこともまた生きることです。いま、ここに、こうして在ることをそれでよしと考えることも決して間違ってはいないと思います。目的——努力を人間の在り方の基本とするなら、在ること自体を目的とするのは基底、もうひとつの人間の在り方でした。

そもそも、「どちらを選ぶか」というような問いの立て方自体がおかしいのかもしれません。二者択一を迫るから、解けない問いとなってしまうのではないでしょうか。答えはおそらく、「あれかこれか」という二つの選択肢を超えたレベルにあるのです。「あれもこれも」という答えを求める、禅の公案のようなものだと考えればよいと思います。

公案と捉えるならば、あちらにすれば、こちらが……こちらにすれば、あちらが……と循環してしまって、発達といったような単線的な連続性の論理では解決できないときに、どちらにも立たず、こちらからあちら、あちらからこちら、と行ったり来たり、二者択一の解を出すことを放り出した、両者を股にかけるような、突拍子もない答え、いや答えにならない答えを求めます。決めるとか決めないとか、どうでもいいという立場に立つことになります。あちらとこちらをぐるぐる巡る循環という、足元の確かでない立場ですから、宙に浮いているのと同じです。「無に立脚する」ので、ふらつきはしますが、でも、「あっちもあり、こっちもあり」です。択一的な答えを求める立場を超えた立場だと言えるでしょう。

教育においては特に、結果には原因があると考え、直線的に答えを求めるやり方だけでは、事態に十分対応できないように思います。確かに因果の糸が縺れ絡み合っているだけなら、時間をかけてゆっくりほどいていけば、解は見つかるはずです。しかし、それでも答えは得られない。それは、教育というもの自体がパラドックスを抱えているからです。

教育とは「子どもが自立するように、おとなが指導する」ことだとも言えます。字面を眺めるだけではあたりまえのことだと思えますが、これは、実は奇妙なことです。自立するというのは自身の判断で動くということで、指導するというのは他者に強いることですから、指導を受けている限り自立したとは言えません。では、指導しないとすれば……そんなものは教育とは呼びません。指導と自立は、こちらを立てればあちらが立たず、あちらを立てればこちらが立たない、パラドックスの関係にあります。

パラドックスは「ダブルバインド」状況を引き起こします。たとえて言うと――あなたより力の強い人があなたの両手を捕らえて放さない。そして、こう告げる。「あなたの右手をゆすったら笑いなさい。笑わないと罰します。左手をゆすったら泣きなさい。泣かないと罰します。何もしないときも罰します」。ところが相手は両手をゆすってきた。さあ、あなたはどうする。笑えば「左手をゆすっているのに、なぜ泣かない」と罰され、泣けば「右手をゆすっているのに、なぜ笑わない」と罰される。逃げようとしても、相手の力が強くて逃げられない――こういう状況です。葛藤場面に置かれ、そこから逃れられないことは、苦しく辛いことです。なかには、ダブルバインドを統合失調症の原因だと考える人もいるくらいです。

指導か自立か、一方の視点のみで押し通すと、教育は成立しません。指導だけで捉えようとすると、それは教師が自分の欲望を子どもにおいて実現しようとしているだけのことのように思えます。このとき、教師の言う「自主性」とは、子どもが教師の望む善を、命令に従ううちに習慣としてしまったときのことを言います。これはつまり洗脳に等しく、実際は自立の反対、支配と同じです。教育したとは言えません。また、自立だけで捉えようとすると、子どもを放任することと同義になります。子どもは気ままに活動するだけで、それを「自主性」と呼べるかどうかは疑問です。かかわらないということは、どうなろうと知ったことではないということで、これもまた教育とは呼べません。

自主性は教えられるものではなく、学ぶものです。「指導に従いながら自立する」という矛盾した行動を可能にするには、教える側から言えば「自立すべしと指導する」というパラドックスを乗り超えるには、因果率という直線的なものの見方ではなく、否定を媒介とした循環性（Aがいいと思うけれど、Bもいい。Bがいいと思えば、Aもいい。Aに満足せず、Bを考える。Bにも不満で、Aを考える……）を踏まえた見方が必要だと思います。一見不安定な循環こそが教育に意義をもたらすものだと考えるのです。

では、どうやって循環を踏まえるというのか。ぼくが思いついたのは、解くという目的を問いから棄ててしまうことです。最善の解答が求められているのに、それを確定することができず、それゆえ葛藤状態に陥るわけですが、これは逆に考えればつまり、解くことを目的としなかったら最善を見つける必要もないということにならないでしょうか。複数の解答候補が循環しているいまの状態のままでよいということです。「あれか、これか」そして「ああでもない、こうでもない」という否定の堂々巡りは、「あれもあり、これもあり」という肯定へと変貌するわけです。複数の解答候補の間をあちらこちらと巡っていればよい、ぐるぐる回ること自体が目的だと言えます。それ自体が目的である活動は、遊びでした。答えが出ないことを遊んでいればいいのだ、とは言えないでしょうか。答えはよい、問いを遊べ。

もしかすると、遊んでいるうちに答えが見つかるということがあるかもしれません。でも、はっきりさせておきますが、ぼくは「まず遊ばないことには、答えは出ない」と言っているのではありません。「答えを出そうという考え自体を棄てろ、ただ遊べ」と言っているのです。もちろん、人の生き方の基本は目的を立て、それに向けて努力することですから、答えの出ない状況は辛いことでしょう。そう簡単には遊ぶ気にならないだろうし、遊べたとしても、現実の辛さは容易に消えるものではありません。いや、決して消えないと思います。ではあるけれど、遊びもまた人の生き方の基底なのです。現状自体を目的とし、ここで言うなら、答えの候補の堂々巡りをしていることも肯定できる在り方です。解けない問題を前にして、頭を使って、悩んで、という活動自体を肯定していればいいと思います。悩んでいれば、十分です。答えを求めて悩んでいる、そのままでいいのです。

そのままでいいというのは、いまを脱け出そうとしない、乗り超えようとしない、ただの現状肯定に過ぎないではないかと思われるかも知れません。いいえ、それは違います。ただの現状肯定は、目的までは否定しませんでした。外部に目的を立てたまま「いまある状態を耐え忍べば、いつか目的に達することができる」——そういう意味の現状肯定であったように思います。しかし、遊びは外に目的を持ちません。だから、いまある状態を壊してしまうことも厭いません。現状肯定どころか、現状破壊になることとさえあるのです。

もうひとつ。「思い煩うことなかれ」と言っているのでもありません。大いに「思い煩った」方がいいです。解答の出ない、もやもや、ぐちゃぐちゃ、いらいら……を「おもしろがればよい」のです。そんな気楽にできることではないと思いますか。でも、陰画《ネガ》「一切は空しい」は、思うより易々と陽画《ポジ》「一切はただしい」に反転します。思い煩いはたのしみに変わり得るのです。

真面目である人ほど、そう簡単に遊べるようになるものではないでしょう。「真面目」というのは或る意味、或るものに囚われることだからです。目的をしっかり持っていれば、そこから離れる、それを無視するということはたやすいことではありません。だがしかし、真面目であるとは本気であるということでもあります。遊びは、本気にならなければ遊べないものです。

この前も話しました。問題は、それを担うことのできる人の前に現れます。必要なのは、そして大事なのは、ただ担うことです。解くことは二番目の課題です。だから、真摯に答えを求めつつ、問いの周りを、問いなど忘れて、遊びましょう。遊んでいるうちに答えは見つかる……かどうかはわかりません。担い続けても、答えが出ないということはあります。それでいいと思います。答えを求めることが既に答えである……かどうかもわかりません。それでもなお……遊んでいればいいのです。

最後に、少し視点が違っていると思いますが、遊びのものすごさを紹介します。タイを旅したときに目にした光景です。チャオプラヤ川をクルーズ船で下った際の出来事でした。船室はかなり広くて、周囲が一面窓になっており、中央には調理場を取り囲む楕円状のカウンター席があり、それを中心に対面式の座席や中央を向いた座席が窓側にぐるりと配置されています。ぼくはそこに腰を下ろして、外の景色を眺めながら食事をしていました。すると、カウンター席と周囲の座席の間の通路を、日本人の子どもたちが、どこから持ち出したのかロープを使って、電車ごっこで回り始めたのです。主に外国からの観光客向けの船だったので、さまざまな肌の色をした人たちが大勢乗り込んでいました。やがて、そのなかの白人の子どもが「お客さん」として電車ごっこに加わりました。子どもたちの話す言語は異なるけれど、一台の電車になって、ぐるぐる回っています。運転士や客の役割もときどき交代しているようです。乗客たちは、うるさいとか静かにしろとか、文句はまったく言いません。それどころか、黒人の女性が「choo choo train」とか何とか手を叩くなど、笑いながら子どもたちをはやしています。船室中が笑顔でいっぱいでした。子どもの遊びが周囲をすべて巻き込んでしまったのです。

十八年二月十二日付（一月二十四日受）

38　子どもを・に生きよう

卒業式の後、六年生の主任が他の教職員に「卒業させることができました。ありがとうございました」と挨拶することがあります。なんとなく違和感があったのですが、あなたの言う通り、六年の担任だけが卒業させるわけじゃない。かかわったすべての人の力によって子どもたちは卒業していくわけなのだから、たまたま最後の学年を担当していたというだけで、「卒業させる私に力を貸してくれて、ありがとう」はないと思います。むしろ、「みなさんが気にかけていた子どもが新しい一歩を踏み出しました。おめでとうございます」の方がふさわしいような気がします。もちろん、その「おめでとう」は自分にも向けていいと思います。

さて、今日はちょっと不思議な出来事から始めます。空き時間に理科室で実験の準備をしていたときのことです。ビーカーを並べる手を止めて、窓の外をぼんやり眺めていると――ぼくの学校の理科室は一階にあって、窓からは、裏庭を隔てて、隣の団地にある小さな公園が見えるのです――一人のかわいい影が横切りました。もう一人、とことこ追いかけていきました。さらに一人、手招きされて、ちょこちょこ走っていきました。天使だ、ぼくにもとうとう天使が見えるようになったのかな……と思ったら、近所の保育所の子どもたちが保育士さんに連れられて遊びに来ていたのでした。

白い服じゃないし、翼はないし、もちろん飛んだわけではありません。でも「天使だ」と、そのときのぼくは直感したのです。いまでも、そのときの場面を思い出すときは、映画のスローモーションのような映像が浮かんできます。実際は「とことこ」だし「ちょこちょこ」なのだけれど、子どもたちはなぜかゆっくりと跳ねるように走っていくのです。

いまさら自分で言うのはおかしいかもしれませんが、ぼくは子どもが好きです。それこそおかしな話ですが、自分がまだ未成熟な中高生のころから好きでした。しかし、子どもはかわいいだけの存在ではありません。教職に就いて、実に腹立たしい子どもの姿に何度も出会いました。こちらの意図に沿わないというのではないのです。そういう場合は腹を立ててそれでおしまいです。でもなかに、級友を見下して物扱いしたり、孤立させようと陰で工作したりすることがあるのです。もとから「純真な子ども」像などは持っていませんでした。おとな同様、醜いところもあるだろうと思っていました。でも、現実に目の前にすると、これも子どもの一面なのかと落ち込んだのを覚えています。けれどもだがしかし、長年の経験の賜物でしょうか、いまはけっこう「子どもとはそういうものだ」と実感を持って思えるようになりました。そして、そういう子どもが、怒ることはまだまだよくあるけれど、やはり好きなのです。

子どもについて有名な一節があります――「遊びをせんとや生れけむ、戯れせんとや生れけん、遊ぶ子供の声きけば、我が身さえこそ動《ゆる》がるれ」（『梁塵秘抄』巻第二　四句神歌雑三五九）。遊んでいる子どもを眺めていると、頬が緩んできます。どうしてでしょう。いろいろな説明があると思います。これからお話しすることも既に言われたことかもしれませんが、「天使」を眺めていたときにひらめいた思いつき、聞いてください。

子どもが捉える時間というものは、いま目の前で起こる出来事に張りついています。それは当然のこと、彼らは生まれてせいぜい十年です。時間の流れを過去から未来へという長い期間で捉えることはまだできません。野球選手になりたいとか女優になりたいとか、漠然とした未来はあったとしても、振り返るほどの過去もまだ有さず、いま現在だけを、広めにとったところで現在あたりを生きています。いまの活動は、それをするためにあります。〈遊び〉です。

一方、おとなは長く生きてきました。そこにははっきりとした時間の経過があります。過去にさまざまな経験を重ねましたし、それに由来する知識もありますし、それに基づいて未来をどうしようと考えています。未来に目的を立て、過去の経験と知識を生かして現在を生きようとしています。同じ現在を生きているけれど、子どもが現在だけに生きているのに対し、おとなは過去と未来をつなぐものとしての現在に生きています。いまの活動は、未来のためにあります。〈仕事〉です。

子どもが先のことを考えないということではありません。子どもにだって時は既に経過したのですから、まだわずかとはいえ、過去があります。その過去から将来を考え、そのために現在をなんとかしようと考えることもあるでしょう。ただ、主たる生き方は現在だけを生きることにあると思います。

おとなはちょうどその逆です。おとなだって現在だけを生きるということはしていますが、主になるのは、未来のために過去を生かし現在を生きることです。だから、おとなになる、つまり成長するとは、生きる起点が現在から未来になることだと言えるでしょう。

こう言うと、子どもの間は現在をたのしんでいられるのに、おとなは未来を考えて現在を頑張らねばならないように思えます。おとなになるのはたのしくないことのように思えてきます。しかし、先を考えていまを生きなければならないのは必然です。現在だけで生きていれば、将来がどうなるか、ぶれは大きいでしょう。経験と知識をもって未来を予測し、いまを生きることによって、未来は確かなものとなります。経験し知識を得たおとなが未来から考えるようになるのは当然のことなのです。

逆に、経験と知識を持ったおとなが、未来を考えずに現在だけを生きるようになると、それは恐ろしいことです。経験と知識のある分、未来のぶれが大きくなるからです。破滅へとつながるおそれも大となります。永遠の子ども、ピーター・パンは、たまにつきあう分にはたのしいですが、ずっといっしょにいられたら迷惑です。

いま、たまにつきあうのはたのしいと言いました。そう、未来のために現在を努力するのに疲れたとき、現在を生きているおとなを見かけると、ほっと、肩の力が抜けます。うらやましくなります（ときには腹立たしくなることもあるでしょうが）。目にしたのが動き回る子どもの姿ならば、なおさらたのしくなるような気がします。自分の子ども時代を思いだすからです。
成長というのは、子どもの層の上におとなの層を重ねていくことでもあると思います。そうすることによって足下は確かになり、確実な人生を送ることができるようになります。思い浮かんだ心象を並べてみるならば、子どもの層は……固まっていない。不安定。どろどろ、ぐちゃぐちゃ（泥遊びに粘土細工、子どもはそういうものが好きです）。でも、たくさん水がある。一方、おとなの層は……固まった。安定。かちかち、ぱさぱさ（泥は、おとなにとっては汚れるものに過ぎません）。だが、水分が不足し、ときに砂埃が舞う。

しかし、おとなになっても、子どもの層が失われてしまうわけではなく、おとなの層の下にはいつまでも子どもの層があるのです。だからおとなは、現在を遊ぶ子どもの姿を見ると、自分の古層を思いだし懐かしむのでしょう。ノスタルジー（郷愁）です。子どものころは一瞬一瞬を生きていた。一瞬一瞬が実在する《リアルな》ものとして感じられた。にもかかわらず、おとなになったいまは、実在するのは未来であり、いまこの瞬間はそのための仮の姿に過ぎない……。

子どもの層をおとなの層で覆ってしまったおとなは、ノスタルジーにふける以外に子ども（時代）を感じる方法はないのでしょうか。ノスタルジーに心を奪われ子ども時代を絶対のものと見なし、過去を善き時代として懐かしみ讃えるか、あるいは未来に実現されるべき価値へと転換し憧れるか。道は二つに一つなのでしょうか。

掘ればいいのだと思います、井戸を掘れば。おとなの層から子どもの層に向かって深く掘り下げるのです。そうすれば、いまは地下水層となった子どもの層から、昔の生命に溢れた水が湧き出るに違いありません。もちろん、子どもの層（地下）までもぐって生きられるわけはないです。生きていくのはあくまでもおとなの層の上（地面）です。しかし、井戸から湧き出る水はいまの生活に生命を注ぎ込んでくれるでしょう。今に立って昔を偲ぶノスタルジーに浸るだけでは、井戸は掘れません。記憶をしっかりたどって子どものころに、昔の自分に戻ること、それが自分の心の内深く井戸を掘ることです。

もうひとつ、自分の子ども（時代）を甦らせるだけではなく、おとなにはなすべきことがあります。現実の子どもたちに、より豊かに遊べるように働きかけることです。子どもがいずれおとなとなって井戸を掘ったときに、より多くの生命の水を得られるように。

子どもはいつでも、どこでも遊びます。遊びは日常の上に築かれる非日常の世界です。移りゆく相対の世界の上の、区切りを設けられた絶対の世界です。ここで人は〈絶対〉に触れます。絶対の値打ちを獲得します——「わたしは在って（生きていて）いいのだ」。他との比較において得られるのではない、在ること自体に値打ちがあるという自己価値感です。子どもは一生分の生きる力を得ようと、だからよく遊ぶのです。

ところがいま、子どもたちは未来を生きるために多様な力を求められ、それらの力を身につけるべく現在において教育を強いられています。学校は、完全な管理の下で一切の無駄なく、すべて合理的に教育を進める場と化そうとしています。前へ進もうと学ぶこと（つまり仕事）

だけが称賛され、その場で遊ぶことは停滞であるとしか捉えられません。やがて、遊びは学習に役立つ「有意義な遊び」と学習とは無縁の「無意味な遊び」に分類され、有意義とされた遊び――そんなものはもう遊びではない――だけが管理下で許されるようになるかもしれません。

十二分に遊べない子どもは、おとなになって特に遊べる機会を持たない限り、生命力の弱いおとなになってしまいます。そうならないように、子どもたちがより豊かに遊べるように働きかけることがおとなの仕事なのです。おや、遊びを言いながら仕事にしてしまいました。でも、子どものためにと言うよりは、確かに子どものためにではあるけれど、それは結果的にそうなればいいということで、「ために」なしで、生きること自体を目的に生きる、子どもの層から汲み上げる生命の水でおとなの層の大地を潤して生きる、そのことがいかにたのしいかを身を以て子どもに示せばいいのです。おとな自身がしっかり遊んで、子どもを巻き込んでいけばいいのです。さあ、遊びましょう、我らの子どもとともに。

廊下では、理科室には誰もいないと思っているのでしょう、五年生の子どもたちの声がしています。仲間と喧嘩した女の子の、相手の子に対する悪口です。そこまで言わなくてもいいだろうと思えるぐらい、めいっぱいの罵詈雑言です。担任ではないので、ここでは介入しない方がいいと思いますが、担任の耳にはそれとなく入れておかないといけないでしょう。これはあまりたのしくない。でも、だからといって、この子たちが嫌いになっているかというと、そういうことはありません。子どもとはこういうものだからです。そう思っているからです。専科のぼくにできるのは授業だけですが、子どもたちの人間関係は本来授業を通して形成されるべきものです。いままでわからなかった級友のすてきさに気づくことのできるたのしい授業を、心がけたいと思います。あの子たちには、明日、理科の時間があります。一時間ものの「吹き矢の力学」をします。しっかりたのしんでもらおうと思います。ぼくの、現役最後の授業です。

十八年三月十三日付（三月三日受）

「吹き矢の力学」とは、授業案の一つで、ストローとマッチ棒（綿棒）を使って「力積」の概念を教えようとするものです。授業記録は『たのしい授業』二〇一七年二月号所収の「最後の授業で〈吹き矢の力学〉」（山路敏英）をご覧ください。

39　私は教えたい

花束を、ありがとう。修了式を終えて職員室に戻ったら、ぼくの机の上に大きな花束が置いてあって、驚きました。「なに？　なぜ？」。ふだん通りに出勤して、ふだん通りに式の放送を担当して、ふだん通りに片付けて……教職最後の日だというのを忘れていたのです。春休みに荷物整理で出てはきますが、子どもたちに教職員、みんなが揃う日は今日で終わりだというのに、気づくまで一瞬、間がありました。今日はまだ昨日までと同じだから、明日からを十分に想像できていなかったのですね。もう一度、ありがとう。

杯に酒を注ぎ続ければ、どんな大きな杯であろうと、やがてはこぼれ出します。それと同じように、智恵を集める者は、いずれその智恵が溢れ出るのを止められなくなります。つまり、自分ひとりで智恵をたのしむのではなく、他者にも伝えたくなる——教えたくなるのです。山中に独り籠もり思索にふけったツァラトゥストラも、市中に人を求めました。この「私は教えたい」=「私は教えざるを得ない」を心の奥底で見つけることができるかどうか、それが職業教師として食をつなぐのではなく、子どもにとって師=先生となる可能性を持った教師として生きていけるかどうかの鍵だということを、以前お話ししました。

この「教えたい」は、これも繰り返しになりますが、知識量を誇って人の上位に立ちたい、あるいは教えることによって物質的欲望を満たしたい、といった何かのための手段とする欲望ではありません。ただただ教えたいという、教えること自体が目的であるような欲求です。

心の最も深い部分で静かに自分自身に問うてみる——私は教えたいのか。「教えねばならない」と思うのではなく、「教えたい」と思うのであれば、教師を続けるべきです。いや、いかにすべきかを誰かにとやかく言われる以前に、気づけば自然に、ただ教えることに進むでしょう。

しかしこのとき、「教えたい」は「教えねばならない」と同義です。ただし、我が子への思いとか社会の要請とかは微塵も入っていません。そういう理由のつく「教えねばならない」ではありません。ただ「私は教えたい」から「教えねばならない」のです。教えることは遊ぶこと。遊ぶことは生の基底です。

教えたいという溢れる想い。これこそが教師の心の最も奥にあるべきものです。この想いにのみ基づいて、教師は教えるのです。「こういう子どもを育てたい（つくりたい）」――そんな願望は不純です。それが出発点であってはなりません。「食べていくために教える」――食べることは必要ですが、生きることと食べることを全く別のものとするのですか。それは、公権力の末端としての学校教師にはふさわしいことかもしれませんが、それで心は満たされますか。へたに教えると子どもを悪くしてしまう。だから、教師にはならない――ぼくにはそう考えた時期がありました。でも、よく考えてみれば、そう考える前に、そう考えるからには、まず教えたいという気持ちがあったのです。子どもをどう育てたいのかという思いはありませんでした。社会的な要請に応えてなどとは、塵ほどにも思っていませんでした。無自覚ではあったけれど、ただ教えたかったのです。社会の要請とか、この子のためとか、そんなものは後からついてくる、無理やり背負わされるだけのものに過ぎません。まずあるのは「教えたい」という気持ちです。自分の勝手と言ってもいいでしょう、人のことなど浮かびもしませんでした。

ぼくはただ教えたかった。そして、それに従った。

おのが杯が智恵で溢れ出したツァラトゥストラ、彼は教師とならざるを得ません。これが教師の原点です。「子どものため」などではありません。極端に言えば、相手がどうあろうと、なろうとかまいません。とにかく教えたいのです。溢れるものをただ伝えたい。それだけです。ただ教えたい——そういう教師となられることを念じてやみません。

十八年三月二十六日付（三月二十四日受）

40　教師は無名の戦士

けいちゃんはおそらくまだお母さんと一体だから、というより「自分とお母さん」という区別などないひとつのものだろうから、お母さんが離れていくというのは自身が引き裂かれていくように感じるのかもしれません。「私」という意識は、意志のままにならぬ存在が現れたときに生まれる、とぼくは思っていますから、けいちゃんも「私」を感じ始めているかもしれない……。ごめんなさい。行きと帰りに保育所で「別離と再会」を繰り返さねばならない二人にとっては、気楽に語ってほしくはないことですね。再会したときに思い切り抱きしめてあげるのは、きっといいことです。自立させるというのは、手を放すことではなく、「べたべた」と

「あっさり」の区別をきちんとつけることだと思いますから。いっしょにいる時間はどうしても限られます。いっしょのときはしっかりべたべたしてください。

クラスの方は順調に開くことができたようですね。ブタンガスの炎が大きくなったときの、子どもたちの「おお」という顔が目に浮かびます。最初からたのしいことを全開で始めて、おもしろそうな先生だという第一印象を得たことは、これから子どもとのいい関係をつくっていくための確かな第一歩を踏み出したということです。もちろんいろいろな「事件」が起こるだろうけれど、一歩目が確実であった分、慌てる必要はありません。子どもたちには「たのしみの先入観」ができています。ゆっくり構えていれば、事はいい方向に進むはずです。安心していてください。

これまでのあなたの手紙からは、社会に必要な人材を育てようとか、あるいはこの子の未来のために教えようとか、そういう考え方よりもずっと根源にある、子どもにいまここで教えるということを大切にしよう、そういう気持ちが読み取れます。そういうあなたに、覚えていてほしい言葉があります――「教師は無名戦士であれ」。

「学校の教師というのはちょうど無名戦士のようなものです」とは、ぼくが小学校の教師になることを報告したとき、恩師が話してくれた言葉です。戦闘に勝利を収めたとき、名を残すのはその戦いを指揮した指揮官でしょう。イッソスの戦いで勝ちを収めたのはアレクサンドロスであり、赤壁の戦いに勝利したのは諸葛孔明であり、徳川家康が関ヶ原の戦いを制したのだと言われます。しかし、いずれの戦闘においても当然のことながら、ひとりひとりの兵士の懸命の働きがなければ、勝利はもたらされることはありませんでした。名前の残ることのないひとりひとりの兵士こそ、実際の戦いの真の主役です。それと同じように、現場の教師の毎日の仕事こそ、いちいち取り上げられることはなくとも、最も大切な仕事に違いありません。その通りだと思って、ぼくは教師を続けてきました。選手がいれば監督がいなくても試合はできますが、選手が揃わなければ監督がいくら頑張っても試合はできない。選手こそが肝心である――その確信はずっと持ち続けてきました。

しかしぼくは恩師の言葉を、そのままの意味だけでなく、意図的にとんでもなく曲解して使ってもいます。それは、こういう意味です――教師の究極の務めは子どもに、人生は生きるに値するという思いを味わわせてやることだろう。生きていくための知識・技術を伝えることも、そういう知識・技術を生み出す力を伸ばすことも大事な務めだが、根底的には人生の価値を感じさせることが最も重要な務めである。だが、相手は子どもだ。彼が成人したころ、教師と過ごした時間は遠い過去となる。いくら真面目に務めを果たしたとしても、子どもの記憶には残らないことも多いだろう。だがしかし、事細かに鮮明に甦ることはなくとも、「よくは覚えていないけれど、なにかしらたのしかった」という思い出が心に残っていれば、人は辛い出来事に遭遇しても、幸せな思いが支えとなって、生を投げ出すことなく生きていくことができるのだ。温かい思い出を残せた教師は立派に仕事をしたことになる。教師の名前は子どもの記憶に残らないかもしれない。けれども、その仕事は子どもの人生を支えてやることができる。教師は無名の戦士だ。よし。たのしい、温かい思い出を、子どもの記憶の海の底に残してやろう。

この曲解もまたぼくの確信なのです。勝手に恩師の言葉として胸に刻み込んで、これまで教師を続けてきました。ただ、思いと行動の乖離は常に、どこにでもあります。かかわった子どもたちすべてにたのしい思い出を残してやることができたかどうか、確たる自信はないというのが正直なところです。子どもたちがどう感じたのか、よくはわかりません。子どもに聞こうにも、聞きたいのは記憶に残らない思い出です。だから、聞きようがありません。だいいち、いったん学校から離れれば、また出会うことさえ稀です。子どもたちの、表面には浮かび上がらない底に沈んでいる記憶が、冷たく寂しいものではなく、温かくたのしいものであることを願うばかりです。

ほんとうの指揮者が聴衆に、自分が指揮棒を振ったことを記憶するよりも、余韻の残る音楽自体への感動を味わってほしいと願うように、ぼくも、考えることは生きること、そしてそれはたのしいこと、と子どもたちに思ってもらえるよう願って教師であり続けてきました。誰が教えてくれたのか忘れてしまった、でもたのしいという思いはいつまでも残っている。これは、贈与が、負い目をもたらさない純粋な贈与がなされたということです。「教育の無名戦士」とは純粋贈与を行う者だ。ぼくの中ではいつしか、無名戦士＝純粋贈与者という図式が成り立つようになっていました。

しかし同時に、ぼくは教育活動を交換と捉えてもきました。そう考えることは、子どもが対等の主体者であると気づくことですから、教師を「自分が失敗すれば子どもを歪めてしまう」という傲慢な責任感から解放してくれます。ぼくが教師になれたのは「子どもは自分で育つ」と気づいたからですが、そのときはまだ「交換」という概念を知らなかったものの、教育＝交換と捉える下地は既にできていたのかもしれません。

ただ、交換と純粋贈与は直接につながりませんでした。交換はあくまで主体どうしの関係ですが、純粋贈与は誰が誰になどということは消えてしまっています。純粋贈与をしようと意識すると純粋贈与でなくなります。意識して忘れる、まるで禅問答のようです。難しいことだと思いました。そこで、実際の教育活動は交換であるけれど、でもその交換の底には（純粋）贈与の気持ちがある、と二層に分けて考えてきました。しかし、次第に考えが変わってきたのです、交換に徹することが純粋贈与につながるのではないか、と。以前にも触れていましたが、もう一度まとめます。

教師という仕事は、経済活動として見れば第三次産業に分類されます。教育サービスを提供し対価を得るというサービス業の一つです。商取引の一種と見ていいでしょう。ただ、サービスの直接の相手から代金を得る場合（自動車学校の教官）だけではなく、それを庇護する者から得る場合（家庭教師）や、あるいは属する集団から得る場合（公教育の教師）があるという、少し変わった点はあります。いずれにせよ、サービス行為と金とがやり取りされているため、交換と贈与という視点から眺めるならば、まちがいなく交換が行われていると言えるでしょう。

しかし、教育行為という観点から捉えたとき（サービス行為を為す者とそれを直に受ける者という当事者の視点で見たとき）、教師の仕事は、「教育愛」に基づくとされる、見返りを求めない無償の活動、つまり贈与として理解されることがほとんどです。贈与は一方的なものです。一方的であるがゆえに、教育というものを考える際には、贈与する側の在り方だけが考察の対象とされることが多いようです。教師の心の持ちようひとつで、子どもがどのように成長するか決まるかのようです。「子どもを育てる（実は作る）」と熱弁する、見た目も傲慢な政治家から、「子どもを悪くしてしまったらどうしよう」と悩む真面目な、実は傲慢な教師まで、問題とされているのは教師の在り方だけです。子どもはたいていの場合、良くも悪しくも「純真な天使」として見られているに過ぎません。この見方はほんとうのところ、さまざまな側面を持つ子どもを一面的に捉えることで、実は馬鹿にしているのではないでしょうか、子どももおとなと同様、主体性を持つ一個の人格であるにもかかわらず。

教育的に眺めた場合も、教育活動を交換と捉えてはどうでしょう。モデルは、以前も提唱した商活動、物の売買です。店主は自身で品物を選び店先に並べます。客は自身で判断してその品物に代金を払います。気に入らなければ当然買いません。だから、店主は品物を売るために、客の嗜好を知ろうと、客をしっかり観察します。でも、それは客の好みに流されることではありません。自分が売りたいものはちゃんとあります。売りたいものと客の嗜好とをしっかり頭に入れて、そのうえで商品を決定するのです。一方、客は自分の好みに従って商品を購入します。嫌なものは買いません。だけど、店主の説明を聞いて、これはおもしろそう・必要だと思えば、それまで自分の嗜好にはなかったものでも買い求めるでしょう。店主と客がそれぞれ主体性を持って売ったり買ったりするように、教師と子どもも、交換をするのです。交換されるものは、教師が提供する授業と、それをたのしむ子どもの〈えがお〉です（ただし、くだらない商品──つまらない授業を提供したときには、〈えがお〉の逆の無反応や私語が返ってきます）。

授業と〈えがお〉の交換というのは、望ましい教育を成立させるために頭の中に思い浮かべておくといい単なるイメージではなく、事実として行われていることです。自身の教育活動を振り返ってみてください。子どもの〈えがお〉を得るために授業をしていませんか。

ここで、子どもにおもねるようなことはよくない、と声が上がるかもしれません。その通りです。その場の子どもの刹那的な感情に合わせるようなことはしない方がいい。自分が教えたいと思うことを教えます。でも、そのとき、嫌がる子どもに無理やり呑み込ませるような授業を想像しますか。たとえ苦い薬であったとしても、子どもが納得して呑むところを想像しませんか。子どもがにこにこ呑んでいるところを脳裏に浮かべることの方が断然多いはずです。

授業の結果、子どもの〈えがお〉が返ってくれば、あなたはさらによい授業をしようと考えるでしょう。返ってこなければ、今度こそ喜ばれるものをと思うでしょう。子どもの反応を全く考慮に入れず授業を計画するなどという人はまずいないと思います、子どもが好きで教師になった人がほとんどなのですから。仮に授業を放棄することがあったとしたら、それは〈えがお〉が得られず落胆、憔悴したからです。

教えたいことがない、教科書通り……なんて人は想像できません。自分の思いを持たない人などいるわけがない。権力の末端として指示通りに動いているようでいても、どこかで「これはどうでもいい」「これは力を入れないといけない」と思っているものです。思ったことはないなどという人がいたら、即、教師を辞めてほしいです。権力のロボットなら、もっと効率のいい人工知能がすぐに生まれることでしょう。

教師と子どもの間で交換される、授業と〈えがお〉。授業は確かに形を持つけれど、〈えがお〉ははっきりと形が見えるものではありません。したがって、教育行為を傍から眺める人には、教師は返ってくるもののない無償の行為、つまり贈与をしているように見えます。そう見えれば、「教育愛」に基づく無償の行為が「教育」と呼ばれることになるでしょう。教師においては、ときには自己犠牲にまで至る献身が大きな徳とされるに違いありません。

だがしかし実際に、教師は交換をしているのです。子どもから確かに〈えがお〉をもらっています。それは、教える者だけが手応えとして感じることのできるものかもしれません。だから、外から「客観的に」眺める人にとっては贈与が教育であっても、教師にとっては〈えがお〉との交換が教育なのです。教師は授業の対価として子どもの〈えがお〉を待っています（しつこいですが、まずい授業は買ってもらえません）。

だから教師は、傍目からすれば贈与ととれる行為をするけれど、子どもを育てなくてはならないと身構える必要はないし、うまくいかなければどうしようと悩む必要もありません。子どもの〈えがお〉を期待して、子どもに喜ばれるような授業を考え、実行すればよいのです。授業の値打ちは子どもが決めてくれます。彼らの〈えがお〉が広がるような授業を考えましょう。それも、刹那的な〈えがお〉ではなく、永続するような〈えがお〉を求めるのです。

子どもの〈えがお〉だけを求めるとき、私が教えたというような気持ちはきっとどこかへ行ってしまいます。子どももまた、授業自体がたのしいなら、この先生から受け取ったということは後回しにするでしょう。両者の間にはたのしさだけが心地よい風のように流れていきます。ここに、純粋贈与は成立します。贈与しようと思わないで交換に徹するとき、純粋贈与は見えない姿を現すのです。

あなたが、子どもの〈えがお〉を求めてたのしい授業をし、その結果互いに意識しないようなたのしい体験を成立させる「教育の無名戦士」となることを、願ってやみません。

十八年四月二十一日付（四月十四日受）

41　あなたはただしい

退職してひと月、自分の「歴史」を振り返る前に、その「歴史」を眺める目を確かなものにしておこうと、ぼくが考えるもとにした本を読み返すところから始めています。ところが、そうたくさん本を読む方ではないのですが、時が経てばけっこう読んでいるものですね。これまでに目を通してきた基本的な文献をもう一度読むだけでそうとう時間がかかりそうです。本棚を前に、「慌てず、ゆっくり」と自分に言い聞かせているところです。

いつもの写真、ありがとう。けいちゃん、幸せそうに眠っていますね。今日見知ったこと、夢の中で繰り返しているのかな。昔、姪がよちよち歩きをしていたころ、ぼくと遊んでいるうちに、ぼくのお腹の上で眠ってしまったことがありました。うつぶせに、両手両足を伸ばして、ぼくに完全に貼りついています。その寝顔を見ながら、一瞬恐ろしいこと、そして在るべき姿を考えたのです——「いまぼくがこの子の首を捻れば、この子は死んでしまう。にもかかわらず、この子はまったくの無防備にぼくに身を委ねている。この子だけではない、幼い子どもはみなおとなに絶対的に依存しているのだ、自身をすべて相手に委ねて。この信頼には応えなければならない。笑ったり怒ったり、誉めたり叱ったり、子どもとの間にはさまざまな出来事が起こるだろう。でも、それぞれの気持ちの底には子どもの信頼に応えようとする心がなくてはならぬ。そして、その心が子どもに感じられるようにしなければならぬ」。

クラスの子どもがいろいろ「事件」を起こすのは、子どもたちがあなたに慣れてきた―親しんできた証拠です。緊張しているとき、様子を見ているときはいい子で過ごすもの。困った面を見せ始めたというのは、あなたと関係を築けているということです。困ったら、逆に安心しましょう……と言うのは余計なことですね。今回のあなたの対応はまず子どもを受けとめているから、子どもはごちゃごちゃ言ったりふてくされたりしても、あなたから離れはしません。いらいらする方があたりまえだと思って、そのことをたのしむつもりでいてください。

ところで、あなたには「こういう先生になりたい」という憧れがあるかもしれません。具体的な人物であれ、抽象的な像であれ、憧れを抱くのはいいことです。あなたを前進させる大きな牽引力となるでしょう。その人・像なら、こういうときどうするだろうと考え、実際にその通りにしてみればいいと思います。もしまねだと言われても、気にする必要はありません。創造はみな、模倣に始まるのです。

ただし、その人・像を目標に定めるのはいいとして、目標を基準にいまの自分の姿を振り返ることはあまりお勧めしません。目標は目標であるがゆえに常に百点満点であるけれど、現在の自分は、振り返って見たとき、真剣であればあるほど満点からは遠い位置にいることがわかります。反省する度に自分の値打ちの低さを思い知ることになるわけです。

自分の値打ちは低い―価値なしと判断すること、判断し続けることは辛いことです。それでも歯を食いしばって努力することが大事なのだ、とはぼくは思いません。それは、目的という「あちら側」＝想定するだけで実際にはない状態に価値を置いた見方です。しかし、人はみな「こちら側」＝実際にいる状態で生きているのです。だとすれば、「こちら側」に価値を見いだし、「こちら側」をたのしむことが大事なのではないでしょうか。「こちら側」の生を価値が低いと否定するような在り方は、断固拒否します。「こちら側」をたのしむことのできる見方をしたいと思います。だからぼくは、理想で現実を測りません。ありのままの自分から、それを認めることから始めます。

そんなのはただの現状肯定ではないか、理想に近づけないことを価値転倒させただけではないか、と難じられることがあるかもしれません。それでもかまわないのです。ぼくは自分の器に合った在り方をしようと思います。たとえば、教師のあるべき姿は「怒らない先生」でしょう。それは認めます。だけど、実際のぼくはかなりの「怒りん坊」です。子どもが人を馬鹿にしたような態度を取れば、その瞬間、激しく怒ってしまいます。そういうときでも怒らず静かに諭す、気づくのを待つというのが理想的な在り方ではないかとは、ぼくでも思います。でも、馬鹿にされて怒るのは自然なことでしょう。たとえ相手が子どもであっても容赦はしません。それでかまわないと思うのです。

ただし、怒っていい、怒るべきだと開き直っているのではありません。在るべき姿は「怒らない」です。わかっています。でも、だからといって自然な怒りを押さえつけるべきではないとも思う、ということです。

怒ったあと放ったらかしておくのなら、それは開き直りだということになります。だが、怒りはしても、「しまった」と思ってその後回復手段を講じるなら、自身のありのままを認めると同時に、その時点で可能な手を打とうとしていることになると思います。怒らないのが一番であったとしても、自然で適切な対応です。自分の例を挙げるのは気恥ずかしいですが、この三学期にこういうことがありました。

休み時間、教室で三年生の子どもたちと話をしているとき、そのなかの一人が級友を馬鹿にした言い方をしつこくしたのです。ぼくは頭に来てしまって、「おまえとはもう口をきかない」と言ってしまいました。思い知れという気持ちで言ったことは、自然な気持ちの現れだから、仕方ないです。でも直後に、無視し続けることは絶対によくない、という気持ちが湧いてきて、やがて心全体を占めました。あるべき姿から反省したわけです。どう「仲直り」しようかと思っていたら、数日後の休み時間、前と同じように玩具で遊びながら子どもたちと話をしていたとき、ぼくの机を取り囲んだ輪の後ろに、この前怒った子どもがいました。玩具で遊びたいのだけれど、この前ぼくに怒られたので少し遠慮しているみたいでした。でも、玩具への興味が上回ったのでしょう、玩具に手を伸ばして、使い方を聞いてきました。ぼくは「好機だ」と思いました。彼が話したとは気づかぬふりをして、「それはこうして……」と使い方を説明します。そして、その後で彼の顔を見て、「しまった。口をきいてしまった」と声に出し、顔をしかめました。すると、男の子は「やったぞ」という感じの笑顔を浮かべ、玩具で遊び始めました。その後、男の子とぼくはふつうに会話しました。

これでいいと思うのです。ぼくは、このとき無理をしていません。無理をしないから、「歯を食いしばって」とは対極にいられました。そういう在り方を他の人にも勧めたいのです。

目的を立て、それに向けて努力するのは、これも人間の自然な在り方、生き方の基本です。だから目的を持つことが悪いことだなどとは、決して思いません。目的が価値基準となることも自然なことでしょう。だがしかし、それで現状を判定するだけというのは、不自然で、人間の在り方から離れてしまうような気がします。人間はもうひとつ、現在をたのしむという在り方も持っているのです。これも自然な、基底となる生き方です。そのことを忘れてはいけません。現実から、現実を受け容れるところから出発しましょう。怒らない先生には憧れます。憧れを抱きつつ、それを基準として怒る自分を否定するようなことはしません。でも、開き直るのではありません。怒った後の回復策を考えます。それでいいと思うのです。

肩肘張らずたのしく過ごすことを考えてください、子どもも、あなたも。能力は目的──努力の経験によって次第に伸びていくものですが、生きることに対する構え自体はたのしい体験によって瞬時に変わります。たのしいとき初めて、人は変わるのです。たのしいことを探しましょう、見つけましょう。ぼくは何者でもないけれど、傍らで助けるような力は持たないけれど、後ろであなたを応援する者たちの一人です。あなたが子どもたちとたのしい時間をたくさん持たれることを祈ってやみません。あなたはただしい。

十八年五月十二日付（五月七日受）

おわりに

教師になろうかなと思ったのは、小学生のころです。でも、それは漠然とした思いで、絶対になろうと思っていたわけではありません。だから、教員免許の取れる大学に入ったけれど、採用試験を受けたのは流れに乗っていただけのような気がします。教育実習を受けたのも、ただ単位を取るためでした。

ところが、その教育実習はほんとうにたのしいものでした。大学で同じ年に実習を受けた友人はおおぜいいましたが、そのほとんどが「四週間はしんどかった」と言うのに、私は「チョーたのしかった」のです。授業の準備や実習ノートの記入で睡眠時間は短く、確かに体力的にはきつかったかもしれません。でも、そんなことは忘れてしまうくらい、子どもたちと毎日顔を合わせることに幸せを感じていました。

そんなふうに思えたのは、担任する五年生のクラスで実習を担当してくださった先生のおかげです。先生は「教師になるとかならないとかいう前に、子どもたちといっしょにいることをたのしんでください」とおっしゃって、子どもたちと過ごす時間をたくさん取ってくださったのです。遊んだり話をしたり、もちろん授業もして、私はめいっぱい子どもたちとかかわることができました。

先生は、手紙の中でご自分でも書いておられますが、気の短い方です。実習中も大きな声になることが、失礼ですが、よくありました。でも、子どもたちの評判は……休み時間に子どもたちと話をしていたときのことです。一人の男の子が「弟（の担任に）はO先生がいい」と言うのです。ふだん先生とよく話をする子だったので、おやっという顔を返すと、「ぼくが卒業してから」と付け加えてきました。六年へは先生の持ち上がりがいい、その後は弟を受け持ってほしい、ということです。周りの子どもたちもうなずいていました。

おおもとには、手間のかかる実習生を自分から引き受けてくださるような、窓口の広さがあるからだと思いますが、四週間クラスを見ていて、なにより授業がたのしいから子どもたちは先生を高く評価しているのではないかと感じました。

たのしい理由のひとつは、授業中の「脱線」です。教科書の範囲・程度を超えていたとしても、気になる内容であったとき、先生は教科書を離れて話を始められます。聞いているのが子どもだからといって程度を下げることなく、広く詳しく話をされます。この話がおもしろいのです。特にお得意なのが天文関係。星座にまつわる神話から宇宙開闢《かいびゃく》の話まで、子どもたちはみごとに「ひきずりこまれて」いました。

理由はもうひとつあって、それが仮説実験授業です。意見を言う子はとことん言うし、聞きたい子はしっかり聞いているし、実験になると、自分の予想が当たるかどうか固唾を呑んで見ている（私もその一人でした）。こんなたのしい授業は初めてでした。しかも、授業実習で私が授業をしたときも、やはり子どもたちは同じように授業にのってくるのです。「脱線」は教師の個性に依るところが大きいからまねしにくいけれど、仮説実験授業なら授業書という「台本」があるから、私にもすぐできる。私も教師になって、子どもたちに仮説実験授業をしよう。実習期間の終わりには、心は決まっていました。

就職して最初の年の二年生とは、たのしく過ごすことができました。ところが、次の五年生とは、仮説実験授業もしたのに、どうもいい関係になっているとは思えなかったのです。誰に話を聞いてもらえばいいか考えたとき、職場にも親切な方はおられましたが、最初に浮かんだのは先生でした。先生は実習期間の放課後、毎日、目の前の出来事の話だけでなく、「というもの」の話をしてくださいました。だから、「なぜ」を聞くならこの先生だと思ったのです。そこから手紙のやり取りが始まりました。

「というもの」の話から処方箋はいきなり出てきません。でも、そこから具体的な場面を眺めて見たとき、明瞭さはまちまちですが、一筋の道らしいものが見えてきます。これが「考える」ということであるならば、自画自賛になってしまいますが、私はよく考えました。よく考えた結果、出した結論に百パーセントの自信があるわけではありません。でも、現実の問題にも落ち着いて向きあうことができるようになりました。

私は先生からのバトンを受け取りました。私の経験はまだまだ浅いです。でも、先生のバトンを自分もしっかり保ちつつ、同時に他の人たちにも渡していこうと思っています。一度にたくさんの人に繋ぐためには、先生の思いを本の形にして世間に広めるのがいいと考え、この本を出版することにしました。どうぞあなたも、バトンを受け取ってください。

木本あかり

二十年七月二日

あとがき

詩人のR・M・リルケに『若き詩人への手紙』という著作があります（邦題は『若き詩人への手紙・若き女性への手紙』。高安国世訳　新潮社）。著作といっても、彼が自身で意図して書いた本ではなく、彼が駆け出しの詩人に宛てた手紙をその詩人が後になってまとめたものです。ぼくは詩作を志していたわけではありませんが、大学生のころこの本に出会って、心が震えたのを覚えています――「これはぼくに向けて書かれた手紙だ。こんな手紙を書いてくれる人がいるなら、ぼくは生きていける」。それ以来、出かけるときはいつも、鞄の中にこの本を入れています。折に触れてページを開くというわけではないけれど、ぼくにとってのお守りです。

また、この書簡集はぼくがめざすところともなりました――「このような手紙を書ける人になりたい」。たとえ数行の葉書であったとしても、読む人の〈浮き袋〉になることを心して書いてきました。しかし、人の心を打つような文章は、書く人にそれに値するだけの体験と智恵がなければ書けません。はたしてぼくがそれだけ真摯に生に向き合ってきたかどうか……。リルケの手紙はぼくにとって、あのように書けたらと、ただ憧れるだけで、手は届かないものなのかもしれません。

けれども、自分の文章が憧れのレベルには遠いものであったとしても、ぼくは思いを伝えたい、そして支える一助となりたい相手を見つけました。それは、これから長く教育に携わることとなる若い教師たちです。彼・彼女たちが今後もたのしく子どもたちとかかわっていけるよう、元気の出る言葉を贈りたいと思ったのです。そのとき、手紙の形であれば、差し出す相手を思い浮かべながら書くので、いちばん思いを届けやすい文章が書けるのではないかと考え、一人の若い女性教師を頭の中に想定しました。

したがって、本著作は架空の書簡集です。登場する人物は実在しませんし、取り上げた出来事も実際に起こったことではありません。これまで教育現場で「たのしく過ごせた。でもまずい対応も数々あった」一教師による創作です。これから子どもとかかわっていこうとする人たちに元気が出ることを願って書き上げました。

『若い教師への手紙』という書名は、もちろんリルケの著作をなぞってつけたものです。リルケの手紙のなかで最も心を動かされた部分も長々と引用しています。ぼくがリルケから生きる力をもらったように、ぼくの本で少しでも力を得ることができたという人が現れれば、これほどうれしいことはありません。

ただ、すぐに使える技術を記した本ではありません。いまここで何らかの策を講じなければならないときには、具体案を示した優れた臨床関係の本が、探せばたくさんあります。特に仮説実験授業関係の書籍は、おおいに役に立つはずです。一方、本書は、現場と少し距離をおいて自分の教師としての在り方を振り返ってみるときに力となることを意図しています。読者が自身の考えを進める・深めるきっかけとなれば、と思います。

内容に関しては、いちいち挙げてはいませんが、多くを蜂屋慶、和田修二、矢野智司、板倉聖宣、河合隼雄の五氏に依っています。原理に関しては前三人から、臨床に関しては後ろ二人から多くのことを学びました。彼らに学んだことを手がかりに、考えを拡げ深め（ときには歪め）ていったのが本書です。五人はぼくの思想的な師にあたります。元の考え方に興味が湧いた方は、末尾に並べた代表的著作をお読みください。

構成・校閲に関しては、矢野智司・典子夫妻にご協力いただきました。深く感謝します。また、本書の構想もまだないころから、ぼくの話を聞いてくれた、話し合ってくれた人たちに謝意を表したいと思います。話すなかで考えが芽生え、まとまっていきました。ありがとうございます。そして誰よりも、ぼくとつきあってくれた学級担任二十一クラス、理科専科二十八クラス、習熟担当六クラス、同学年にクラブ・委員会、その他かかわりのあったすべての子どもたちにお礼を言いたいと思います。あなたたちと過ごすことができて、ほんとうにたのしかったです。心からありがとう。

二〇二〇年八月十二日

野口修作

◆基本文献

蜂屋慶……①『集団指導と教育愛』黎明書房
②『教育と超越』（編著）玉川大学出版部
和田修二……③『子どもの人間学』第一法規出版
④『教育する勇気』玉川大学出版部
矢野智司……⑤『ソクラテスのダブル・バインド』世織書房
⑥『贈与と交換の教育学』東京大学出版会
板倉聖宣……⑦『仮説実験授業の考え方』仮説社
⑧『たのしい授業の思想』仮説社
河合隼雄……⑨『子どもと学校』岩波書店
⑩『臨床教育学入門』岩波書店

①〜④は、最近書店で見かけません。大きな図書館で探してください。⑤と⑥は、書架に並んでいないことがあります。書店から注文してください。⑦と⑧は、書店になくても、仮説社に注文すればだいじょうぶです。⑨と⑩は、すぐ見つかると思います。注文すればすぐ届きま

す。

この十冊以外にも、五人には多数の著作があります。手に入るところ、読みやすそうなところから、ぜひ読んでみてください。